AF453794

REPONSE
DES SUISSES

A un Memoire qui a pour Titre : *Memoire pour parvenir à un Reglement general au sujet des Privileges & Exemptions dont les Suisses doivent joüir en France ;* au dos duquel étoit écrit : *Extraits des Titres sur lesquels sont fondez les Privileges des Suisses , & Observations pour parvenir à leur réduction.*

ON observera d'abord que ce Memoire a été fait, non pour réduire les Privileges & Exemptions des Suisses , mais plûtôt pour les anéantir totalement

Pour y parvenir, on a tronqué presque tous les Titres ; on supprime tous les termes qui peuvent être favorables aux Privileges des Suisses, & on ne rapporte que ceux qu'y paroissent contraires ou équivoques; & l'on affecte de donner des interprétations à la volonté des Souverains exprimées dans les Traitez , interprétations formellement contraires aux Déclarations que ces mêmes Souverains font de leurs véritables intentions par

A

ces mêmes Traitez ; enfin pour parvenir au but que l'on s'est proposé dans ce Memoire, on n'a épargné ni les suppositions, ni la surprise : c'est ce que les Suisses se proposent de démontrer dans l'examen particulier de chacun des Articles dont ce Memoire est composé

Mais avant d'entrer dans ce détail, l'on croit devoir exposer en quoi consistent ces Privileges, tels qu'ils sont énoncez dans les Traitez de Paix & d'Alliances entre les Rois de France & le corps Helvetique, & dans les Lettres Patentes des mêmes Rois, données en conséquence de ces Traitez pour en assûrer l'exécution.

Louis Dauphin de Viennois, 1 4 4 4.

1444.

Ce Prince fit un accord avec les Suisses, par lequel entr'autres choses, il leur permit de demeurer & trafiquer en France.

Charles VII. 1 4 5 3.

1453.

Ce Roy fit un Traité avec les Cantons en 1453. voici l'Article II :
Les Bourgeois, Habitans, Messagers, Marchands, Nobles & Roturiers, de quelque qualité & condition qu'ils soient, passeront à cheval à pied, armez, non armez, repasseront, DEMEURERONT ET TRAFIQUERONT EN FRANCE ET PAR TOUTE L'ÉTENDUE DE NOTRE ROYAUME, *sans qu'empêchement leur soit fait, à condition que les susdits ne contreviendront à aucun point à ce present Traité.*

Voila le fondement du privilege de la liberté du commerce des Suisses en France, & confirmé par Louis XI. le 27. Novembre 1463.

Louis XI. 1 4 6 3.

7. *Novembre* 1463.

Ce Roy renouvella & confirma tout ce que son prédécesseur avoit fait, comme il vient d'être observé.

Charles VIII. 1 4 8 4.

1463.

Traité du 24. Novembre Articles IV. & VI. *Que les Sujets, Marchands, Bourgeois, Habitans, Messagers, Voyageurs, Nobles & Roturiers, de quelque qualité & condition qu'ils soient, passeront & repasseront à pied ou à cheval, par terre ou par eau, avec leurs Mar-*

chandifes & autres chofes, féjourneront où bon leur femblera dans
l'étendue de la Domination du fufdit Roy & Cantons, fans qu'aucun
tort leur foit fait en leur perfonne, ou en leurs biens.

Que de part & d'autre, il fera permis de lever, vendre & debiter
de toutes fortes de Marchandifes & autres chofes avec toute liberté.

Louis XII. 1503.

Sçavoir faifons, que parce qu'il y a toujours eu entre les Rois de
France, Ducs de Milan, fes predeceffeurs, Nous & nos Alliez une
fort grande intelligence qui n'a pas peu contribué à la confervation de
nos Peuples, ce qui leur a facilité le commerce ; Nous defirons de fuivre
leurs traces, &c.

Nous fommes auffi convenu de part & d'autre de proteger & défendre
nos Marchands, Bourgeois, Habitans, Sujets, avec tous leurs biens
& de leur faciliter les paffages par toute l'étendue de nos Dominations
en toute fûreté ;

De plus, Nous Louis Roy, Duc de Milan, avons promis & promettons de faire enforte que nos Sujets n'empécheront, ni ne molefteront les
Marchands & Sujets defdits Alliez & la vente de leurs Marchandifes, fous peine d'être rigoureufement châtiez.

Nous aurons auffi foin que nos Sujets n'ayent point d'intelligence entre
eux ou avec d'autres Nations qui pourroient incommoder lefdits Marchands de nos Alliez, les Cantons en leurs ventes & achats. Ceux qui
contreviendront à ceci, feront condamnez aux frais, dépens, dommages & interêts de ceux à qui le tort aura été fait.

Enfuite ce Prince fait le détail des privileges & exemptions qu'il
accorde aux Suiffes dans le Duché de Milan, qui font à peu près
les mêmes dont ils doivent joüir en France.

Sçavoir ; que tous les Sujets & Alliez des Cantons, Marchands,
Couriers, Meffagers, Voyageurs, Nobles & Roturiers de quelque
qualité & condition qu'ils foient, pafferont & repafferont à pied ou à
cheval fans aucun empéchement, trafiqueront avec toute liberté, acheteront & vendront toutes fortes de Marchandifes, faites & fabriquées
dans le Milanois, ou aux Païs & Cantons de nofdits Alliez, fans payer
aucun droit, & cela dans toutes les Villes dependantes de notre Duché,
excepté notre Ville de Milan, où ils ne payeront que comme ils avoient
accoûtumé de payer foit que les droits nous appartiennent, ou à quelque
particulier de notre Duché.

A ij

Traité du 16.
Juin 1503.

De plus, ils ne payeront rien pour les chevaux, bœufs & autres bestiaux de quelque endroits qu'on les amene ou qu'ils ayent été nourris.

Ensuite les Parties déclarent qu'il n'y a que les Cantons avec leurs Alliez & dépendans, qui jouiront de ces Privileges.

François I. 1516.

(a) *Décembre 1516. Traité de Paix perpetuel.*

(a) L'Article IV. rappelle le Traité de Louis XII. & confirme les Privileges accordez aux Cantons par ce Roy.

L'Article V. *Tous nos Marchands & Sujets rentreront à Lyon dans la jouiſſance de leurs Privileges que feus les Rois de France leur ont accordé.*

Article IX. *Nous leſdites deux Parties & Nous Confederez, en nos Terres, Circuits, Pays, Seigneuries, voulons que tous Marchands, Ambaſſadeurs, Pellerins & autres gens de quelque état & dignité qu'ils ſoient, puiſſent* FRANCHEMENT ET QUITTEMENT, AVEC LEURS CORPS, BIENS ET MARCHANDISES, *ſûrement aller, trafiquer & venir par tout notre Pays, trafiquant & negociant ſans aucune moleſtation, ni nouvelle impoſition de peage ou d'autres choſes, ſinon comme du paſſé a été accoûtumé.*

Les Articles de ces Traitez ſont une preuve convaincante que tous les Suiſſes en general, ſont en droit de jouir de ces Privileges, franchiſes & exemptions, ſoit qu'ils ſoient au ſervice du Roy, ou qu'ils n'y ayent jamais été, puiſque les Articles comprennent toutes ſortes *de perſonnes, de quelqu'état, qualité, condition ou dignité qu'ils ſoient.*

Les termes de l'Article IX. du Traité de François I. *Franchement & quittement, avec leurs corps, biens & marchandiſes,* ſont remarquables : *Avec leurs corps,* c'eſt-à-dire, *francs & quittes* de toutes impoſitions perſonnelles ; *Biens,* c'eſt-à-dire, *francs & quittes* de toutes taxes & impoſitions réelles qui ſe levent ſur les biens. Et *Marchandiſes,* c'eſt-à-dire, *francs & quittes* des droits & impôts qui ſe levent ſur les marchandiſes ; *Sûrement aller, trafiquer & venir par tout notre pays, trafiquant, negociant ſans aucune moleſtation,* c'eſt-à-dire, commercer en toute ſûreté & liberté, & ſans être troublez, ni inquiettez par qui que ce ſoit, & ſans être aſſujettis à la Mairie des Communautez ; (ce qui vient d'être dit, eſt autoriſé par ce même Traité ès Articles dont voici les termes ;)

(b) *Il a auſſi été aviſé que noſdits Sujets ne pourront faire par en-*

(b) Traitez de Louis XII. 1503. & de François I. 1516.

Louis XII. Traité de 1503. promet de faire en ſorte que ſes Sujets n'empêcheront, ni ne moleſteront les Marchands & Sujets des Cantons en leur ventes & achats de Marchandiſes, & qu'ils n'ayent point d'intelligence entre eux ou avec d'autres Nations, qui pourroient incommoder leſdits Marchands les Alliez des Cantons, en leur commerce, a peine d'être rigoureuſement châtiez, & d'être condamnez aux

semble, ni avec lesdits Etrangers aucunes Pratiques, Statuts ou Ordonnances, publiquement ou tacitement, au moyen desquels ils pourroient être frustrés de leurs trafics, négociations de marchandises, &c. ni nouvelles impositions de peages ou d'autres choses : c'est-à-dire, *francs & quittes* de tous les nouveaux droits, impôts, peages, taxes, subsides & gabelles ou autres ; *sinon comme du passé a été accoûtumé ;* c'est-à-dire, que les Marchands Suisses ne payeront aucuns droits que ceux qu'ils avoient coûtume de payer lors du Traité de Charles VII. en 1453. ou tout au plus lors du Traité de François I. en 1516. mais à l'égard de tous les droits & impôts établis depuis ces deux Traitez, les Marchands, trafiquans & négocians Suisses en sont entierement exempts.

C'est ainsi que tous les Rois s'en sont expliquez par leurs Lettres Patentes données en conséquence de ces Traitez, dont voici les termes :

(ᵃ) *Francs, quittes & exempts de toutes Tailles, Impots, Aydes & subventions quelconques, mis ou à mettre dans le Royaume, &c.*

(b) *Pourront avec leurs Corps, biens & marchandises, sûrement, franchement, & librement aller, frequenter, venir & demeurer par tout notre Royaume, Pays, Terres & Seigneuries de notre obeissance, y trafiquer & negocier, sans être tenus payer aucunes nouvelles impositions de Peage,* Subsides & Gabelles, *ou autres choses, sinon celles qu'ils auront accoûtumé payer auparavant lesdits Traitez .... Nous avons tous & chacunes les Exemptions, Privileges & Franchises accordez tant par ledit Traité de 1516. qu'autres faits ensuite d'icelui ; même celui d'Alliance fait en l'année 1602. & tous Arrêts, Reglemens & Articles accordez en faveur desdits Marchands Suisses, confirmez & ratifiez, sans qu'ils puissent être cotisez à aucune nouvelle contribution, ni contrains nous payer autres droits & impositions pour lesdites Marchandises, &c. que ceux qu'ils avoient accoûtume de payer avant lesdits Traitez. Ains jouissent de tous les Privileges, Exemptions & Franchises susdites pleinement & paisiblement, &c.*

(ᶜ) *Declarons que lesdits Marchands des Cantons & Alliez, jouiront pour toutes leurs Marchandises, tant fabriquées ou apprétées en Suisse, qu'autres, qui selon le Traité de Paix perpetuel de 1516. doivent être exemptes desdits Peages & Impots, tant en entrant qu'en sortant de France, & de tous les Privileges & immunitez dont ils doivent jouir en vertu dudit Traité.*

Ainsi l'on voit que cet Article IX, du Traité de 1516. est con

(ᵃ) Louis XI. 1481. & Henry IV. 1602.

(b) Louis XI.I. 1622.

(ᶜ) Louis XIV. 1663.

forme à toutes les Lettres Patentes des Rois, soit anterieures, soit posterieures à ce Traité, qui comprend deux sortes d'Exemptions; les premieres sont celles de tous les droits & impôts qui se levent sur les personnes & sur les biens (autrement appellées personnelles & réelles;) les secondes concernent la liberté du commerce & les exemptions de tous les droits nouveaux établis & à établir depuis 1516. qui se levent sur les marchandises.

Il n'en faudroit pas davantage pour détruire entiérement tout le Memoire que l'on réfute.

Les Privileges contenus dans les Articles de ce même Traité de François I. sont les mêmes que ceux contenus dans les Articles de celui de Louis XII rapportez ci-devant, c'est pourquoi on ne les répétera pas ici.

Henry II. 1549.

Nous promettons de part & d'autre de tenir les chemins libres, afin que tous nos Sujets & Marchands puissent librement vacquer à leurs affaires, & nous puissions secourir nos amis.

Touchant les Marchands de nos Cantons, pour les Droits qui sont dûs, on n'innovera, ni ne diminuera rien; mais tout sera observé comme du tems passé; de plus, les Marchands, Messagers, Voyageurs de part & d'autre, passeront & repasseront avec leurs biens & marchandises, acheteront & vendront sans qu'empêchement leur soit fait.

Lettres Patentes du même Roy du 19. Fevrier 1552. portant Exemption des droits appellez *Foraines*, qui se levoient sur les marchandises, & que les Marchands Suisses n'en payeroient aucun, sinon comme ils avoient accoûtumé avant les Traitez, avec ordre de leur restituer ce qu'ils avoient payé; & sans avoir égard à l'Edit qui imposoit ces droits, qu'en ce seul point ne doit pas être observé, ce Prince supprime encore toutes Défenses, Commandemens & Edits qui contreviendroient à ceci.

Henry III. 1582.

L'on rapportera ici le préambule du Traité fait par ce Roy, pour faire connoître combien l'Auteur du Memoire que l'on réfute, s'est trompé, lorsqu'il prétend dans ses Observations que les Provinces voisines de la Suisse, où, dit-il, *un très grand nombre de Suisses s'est déja établi, seroient bien-tot peuplées d'une infinité d'autres, qui à la faveur* de ces Exemptions feroient seuls tout le commerce, & acquerroient des fonds, sans être sujets à aucunes impositions, dont le fardeau acheveroit, à ce qu'il prétend par ses exagérations, de ruiner les habitans du pays. Les Rois se sont expliquez bien différemment de cet Auteur; on peut le remarquer par tous les Traitez, principalement par la fin de ce préambule, dont voici les termes:

Comme tous les Gouvernemens de tous les Royaumes sont ordonnez du Ciel pour l'entretien & protection des Sujets & la conservation des Peuples, dont le Royaume de France, qui jusqu'ici a été si bien gouverné, qu'il n'est pas tombé comme la plûpart des autres, nous fait assez connoître, puisqu'il est d'apresent le mieux fondé de tous; ce qui peut témoigner sa puissance & prosperité, marque véritable d'un regime bien ordonné & gouverné: comme aussi quand nous considerons l'etat de la République de Messieurs les Cantons de l'ancienne Alliance de la haute Allemagne, qui de jour en jour ont fait des progrès considerables, qu'on ne peut pas trop admirer leur sagesse dans le Gouvernement, ni trop louer leur fermeté dans toutes leurs entreprises, cela a obligé les Roy de France & Messieurs les Cantons à rechercher cette amitié & alliance pour la conservation de leurs biens de part & d'autre; laquelle alliance jusqu'ici a été mieux observée par les Parties que par aucun Roy ni Monarque, ce qui les a affermis dans leurs Etats & rendus redoutables à leurs ennemis; outre ce qu'ils ont tiré toutes sortes de profits par leur commerce, à cause du voisinage & proximité des Pays, qui leur a facilité le commerce libre, dont la France & les Cantons ont beaucoup profité.

Article XXI. Les Marchands de nos Cantons trafiquans en France, seront traitez à l'egard des Droits comme du tems passé, sur quoi on n'innovera rien; les Marchands, Messagers, Voyageurs & autres de nos Royaumes, Seigneuries, Cantons & Terres de part & d'autre, trafiqueront, voyageront, séjourneront, passeront & repasseront en toute sûreté avec leurs corps, biens & marchandises, le tout sans fraude & dol.

Henry IV. 1602.

Article XIV. Nous serons obligez de tenir les chemins libres afin que nos Sujets de part & d'autre puissent trafiquer, aller, revenir sans obstacle, & que nous puissions sûrement secourir nos amis en vertu des Presentes; comme cet Article est rapporté dans les Traitez précédens & dans les suivans: il est inutile d'en rappeller les termes

Article XXI. On n'innovera rien sur les Droits touchant les mar-

chandises, comme dit est dans le Traité de la paix fait entre la France & les Cantons, (c'est celui de 1516.) que vont acheter les Marchands des Cantons, lesquels, comme aussi les Nôtres, trafiqueront, acheteront, vendront, passeront, repasseront en toute sûreté de leurs corps & biens pendant que cette Alliance durera, sans fraude & dol.

Louis XIV. 1653.

1653.

Il est permis aux Cantons par l'Article XVII. de tirer de France du Sel & d'autres vivres pour leur provision & nécessité, ainsi & au même prix que les sujets du Roy, toutefois sans innovation de péages.

Lettres annexes sur ce XVIIme. Article, conclues à Arraw en 1658. Nos Commis à Lyon & dans le Languedoc, fourniront aux Cantons & a leurs Alliez le Sel des Magazins de Soußel & de Regouffle, sur le pied de cent sols le Minot, pour lequel ils ne payeront aucun Droit ni impots, depuis lesdits lieux, jusqu'hors les Frontieres de la France.

L'Article XX. de ce Traité est le même que le XX. de celui de l'année 1663. dont voici les termes:

Et suivant ce que les Traitez de Paix d'entre la Couronne de France & Nous des Ligues, contiennent comme les Marchands de Nous des Ligues doivent être traitez quant aux peages & subsides, le tout demeurera en son entier, comme du passé, & sans aucune innovation, & pourront les Marchands, Pelerins, Messagers & autres, des deux Parties, qui trafiqueront & négocieront des uns aux autres, passer sûrement & sans aucun empechement en corps & biens, librement & a leur volonté, aller, venir, séjourner & demeurer par le Pays de l'une & de l'autre Partie, sans fraude ni déception.

Lettres annexes audit Traité sur cet Article XX.

1658.

Nous Louis déclarons que les Marchands desdits Cantons & ceux de leurs Alliez jouiront de l'Exemption de tous Péages & Impôts, tant pour les marchandises qui auront été fabriquées dans la Suisse, que pour d'autres, conformément au Traité de Paix perpetuel conclu en 1516. soit qu'ils sortent de la France avec lesdites marchandises, ou qu'ils les y apportent, ensorte que lesdits Marchands ne pourront en aucune maniere être inquietés au sujet de ladite Exemption, &c.

Sa

Sa Majefté confirma tout ce qui vient d'être rapporté par Lettres Patentes données à Calais le 19. Juillet, & en ordonne l'exécution.

Traité du même Roy 1663.

Ce Traité confirme tout ce qui a été fait & conclu auparavant entre les deux Puiffances, & ajoute; *Et tout ce qui a été par Nous Louis, Roy, accordé enfuite aufdits Cantons & Alliez fans rien excepter: voulant & entendant que ce Traité foit de bonne foy entiérement & inviolablement obfervé, fans toutefois rien innover, diminuer, ni ajoûter au Traité de paix perpetuel fait & paffé avec le Roy François premier, de très-haute & louable memoire, & fans nous en vouloir départir ni rien changer;* ce font les termes du préambule. L'Article XX. eft le même que celui ci-devant rapporté du Traité de 1653. & dans le XXV. & dernier Article il eft dit; *Ne prétendant pas toutefois en ce faifant, d'avoir rien traité contre la paix perpetuelle, ni touché, ou icelle diminuée en aucune chofe qui y puiffe déroger; mais nous la voulons derechef confirmer & corroborer & à icelle entiérement demeurer.*

Il réfulte de cette confirmation que le Traité de 1516. demeure toujours dans fon entier, fans changement & que tous les autres y font relatifs.

Autres Lettres Patentes du même Roy, portant furannation des Lettres Patentes pour l'exécution du XX. Article dudit Traité; & des Lettres annexes expediées fur cet Article, concernant les Exemptions des Péages & Impôts, regiftrées en Parlement le 10. Decembre 1663.

Extraits des Lettres Patentes données en conféquence des Traitez précedens,

De Louis XI. 1481.

Comme en entretenant toujours de bien en mieux, les amitiés, alliance & confédérations, étant d'ancienneté entre nous, nos Royaume, Pays & Seigneuries, & nos très-chers & très-grand amis & alliez les Seigneurs & Communautez des Anciennes Ligues des hautes Allemagnes, appellées Suiffes, & iceux les Seigneurs & Communautez pour la tuition & défenfe de nofdits Pays & Seigneu-

B

ries se soient à diverses fois mis sus en bonnes & grosses armées, pour
nous venir servir & ayder au fait de nos Guerres à l'encontre de nos
ennemis, où ils se sont grandement employez pour le bien de nous
& de la chose publique de notre Royaume, & y sont & ont intention faire leur continuelle demeurance & y finir le demeurant de
leurs jours, en quoi faisant ils abandonnent du tout leur Pays & Nation, au bien, profit, & augmentation de nous, notredit Royaume
& de la chose publique d'icelui.

Avons octroyé & octroyons, que tous ceux de ladite Nation qui sont
de present, ou seront à venir demeurans en notredit service, étant gagez
& soldoyez, & qui se sont mariez & habituez par ci-devant, & se
marieront & habitueront ci-après en notredit Royaume, ils, & chacun
d'eux puissent & leur soit loisible acquerir en icelui tous tels biens,
meubles & immeubles qu'ils y pourroient licitement acquerir, & d'i-
ceux &, aussi de ceux qu'ils y ont jà acquis, disposer & ordonner par
Testament & Ordonnance de derniere volonté; donation faite entre-
vifs, ou autrement, ainsi que bon leur semblera, & que leurs femmes,
enfans & heritiers qu'ils ont de present, ou pourront avoir le tems à venir, leur puissent succeder, & apprehender les biens de leursdites successions, tout ainsi que s'ils étoient natifs de notredit Royaume, &
quant à ce, les avons autorisez & habilitez, &c. & en outre afin que
lesdites gens de guerre de ladite Nation, qui sont de present demeurans
ou viendront ci-aprés demeurer en notredit Royaume, & qui seront à
nos gages & solde, comme dit est, puissent mieux vivre & eux honnêtement entretenir sans être inquietez, molestez, ni travaillez:
ET QUE LES AUTRES AYENT EN APRE'S MEILLEUR COURAGE D'Y
HABITUER EN PLUS GRAND NOMBRE, AINSI QUE LE DESIRONS;
Nous à iceux, & aussi à leurs femmes veuves durant leur viduité,
avons octroyé & octroyons &c. qu'ils soient & demeurent leur vie
durant francs, quittes & exempts de toutes Tailles & impôts, Aydes
& subventions quelconques mis & à mettre sus de par nous en notredit
Royaume, soit pour le fait & entretenement de nos gens de guerre ou
autrement, pour quelque cause ou occasion que ce soit ou puisse être,
& aussi du Guet & Garde des Portes, & de ce les avons chacun
d'eux affranchis, quittez & exemptez quelque part qu'ils fassent leur
demeurance en notredit Royaume, &c. nonobstant aussi que par nos
Lettres de Commission, qui sont & seront par nous octroyées pour mettre sus & imposer lesdites Tailles & impôts, soit mandé asseoir & imposer en icelles toutes manieres de gens, exempts & non exempts, privile

*giez & non privilegiez, affranchis & non affranchis, en quoi ne
voulons les gens de la condition dessusdite, ne aucun d'iceux être compris, ne entendus en aucune maniere, & quelconques Ordonnances
pour ce données, restriction ou défenses à ce contraires, &c.*

Les Rois Charles VIII. Louis XII. & François I. accorderent
de pareilles Lettres les années 1483. 1498. & 1514. & 1515.
& 1542.

Les Rois Henry II. Charles IX. & Henry III. ont tous donné
en differens tems plusieurs & differentes Lettres Patentes, confirmatives de tous les Privileges & Exemptions ci-devant détaillées,
accordées aux Suisses.

Henry IV.

Ce Prince ayant donné en differens tems plusieurs Lettres Patentes
concernant les Privileges des Suisses, il est à propos d'en examiner
quelques unes.

Celles du mois de May 1594. portent confirmations du Traité
de 1516. & des Rois ses prédécesseurs; *Même que lesdits Marchands,
leurs Facteurs & Entremetteurs, puissent en toute liberté demeurer en
notredite Ville de Lyon, & en tous autres lieux de notre obéissance,
aller, venir & séjourner pour leursdits négoces par tout où besoin sera,
& sans qu'ils soient cotisez, ni contrains pour aucunes contributions,
ni que pour les Marchandises licites & non prohibées, qu'ils trafiquent
en nosdits Royaumes & Pays, ils payent autres impositions, subsides & gabelles, que celles qu'ils payoient du tems du Traité desdites
Alliances; ne voulons qu'il leur soit fait en leurs personnes & en celles
de leursdits Facteurs & Entremetteurs aucune fâcherie, soit en tems
de Paix, soit en tems de Guerre, à peine contre les contrevenans de
tous dépens, dommages & interêts desdits Marchands, même de
punition corporelle, si elle y écheoit.*

Celles du mois de Janvier 1596. accordées en faveur des Genevois portent: *Et pour donner plus de commodité aux Citoyens, Bourgeois & Sujets de ladite Ville * de trafiquer en ce Royaume, l'auroit
comprise avec son territoire en la paix perpetuelle entre la Couronne
de France avec les Seigneurs des Ligues sous les privileges & immunitez contenus audit Traité,* en ces termes: *Nous avons permis aux
Citoyens, Bourgeois & domiciliez & sujets de ladite Ville, qu'ils
puissent venir trafiquer, frequenter & résider en ce Royaume, & y
acquerir tous biens, meubles & immeubles que bon leur semblera,*

les tenir & posseder, en ordonner & disposer tant par testament, ordonnance de derniere volonté, donation entre vifs, ou autrement, en quelque sorte que ce soit, & que leurs heritiers soit qu'ils n'eussent testé, qu'autres ausquels ils en auront disposé, leur puissent succeder, prendre & apprehender la possession & jouissance de leurs biens, tout ainsi comme s'ils étoient originaires & natifs en ce Royaume, à commencer depuis ledit Traité de l'an 1578. t.ª sans qu'en vertu des Edits, Ordonnances & Statuts faits contre les Etrangers, prohibitifs du contraire, nos Officiers puissent prendre & faire saisir les biens desdits de Genêve, comme à nous appartenans par droit d'aubaine, & leur faisons dés à present main-levée des saisies qui pourroient avoir été faites à cet égard.

N.ª. Traité & Alliance des Genevois avec les Barrois 1578.

Il résulte des termes mêmes de ces Lettres Patentes, que la permission du trafic & l'exemption du Droit d'aubaine n'ayant été accordez aux Genevois, que parce qu'ils étoient alliez avec les Suisses, à plus forte raison les Suisses doivent jouir de tous ces Privileges; il résulte encore de ces mêmes Lettres Patentes, que tous ces Privileges ont été accordez indifféremment à tous les Suisses & Genevois, soit qu'ils soient dans le service, ou qu'ils n'y soient pas.

Et ce qui prouve d'autant plus que tous ceux de la Nation Suisse, soit dans le militaire ou non, doivent jouir de tous les Privileges, franchises & exemptions accordez à la Nation Helvetique, c'est que le même Roy Henry IV. par autres Lettres Patentes du mois de Novembre 1602. rappellant celles de Louis XI. dit positivement: *Avons à iceux dits Suisses, étant à nos gages & solde,* ET A TOUS AUTRES I E LAI TE ATIO *, mariez & habituez en notre Royaume, & à leurs veuves durant leur viduité, continué & confirmé, continuons & confirmons tous & chacun les Privileges, franchises, libertés, exemptions & immunités à eux donnés & octroyés pour en jouir, &c. Et où ils auroient été contraints payer ou consigner aucunes choses, nous voulons leur être rendues & restituées par ceux qui les auront reçûes, à ce faire contraints comme pour nos propres deniers & affaires, &c.*

1602.

Si l'Auteur du Memoire, avoit bien examiné les termes de ces Lettres Patentes, il est à présumer qu'il ne se seroit pas avisé d'avancer, comme il a fait, qu'il n'y a que les Suisses étant dans le service qui puissent jouir des Privileges accordez aux Suisses, puisque ces Lettres Patentes portent que tous ceux de la Nation Helvetique aux gages & solde du Roy, & tous autres, doivent jouir des mêmes

Privileges, & qu'il suffit d'être Suisse pour en jouir ; cependant on ne craint pas d'avancer dans ce Memoire , que les Suisses, même dans le service , sont sujets à la Taille , à la Capitation , & à toutes les impositions que payent les sujets du Roy lorsqu'ils font commerce ; ce qui est bien contraire à l'esprit des Traitez qui accordent ces Privileges indistinctement à tous les Suisses *de quelque état qu'ils soient*.

Tout ce que l'on peut accorder à l'Auteur du Memoire , c'est qu'il faut toujours supposer un service actuel de la Nation Suisse en France, pour que tous ceux de ladite Nation en general ayent droit de jouir des Privileges. Or, l'on ne peut disconvenir que la Nation a toujours continué de fournir des troupes pour le service depuis 1516. jusqu'à present ; il est donc vrai de dire que depuis ce tems-là les Suisses ont toujours continué de jouir de leurs Privileges, qui leur font accordez en consideration des nombreuses troupes que la Nation a envoyées dans tous les tems au service de la France.

Louis XIII.

Par Lettres Patentes du mois de Decembre 1618. ce Prince a confirmé celle du Roy Henry IV. dont il vient d'être parlé.

Autres Lettres Patentes du même Roy du mois de May 1622. qui permettent *aux Marchands Suisses, leurs Facteurs & Entremetteurs, de demeurer dans la Ville de Lyon , ou telle autre qu'ils aviseront ; aller , venir , & séjourner en toutes les Terres & Pays de son obeïssance que besoin sera , sans qu'il leur soit donné en leur personne , ou de leursdits Facteurs , aucun trouble , destourbiers , ou empêchement , sans payer aucuns droits nouveaux , conformément au Traité de la Paix perpetuelle de 1516.*

Louis XIV.

Lettres Patentes du 19. Juillet 1658.

Nous Louis , Roy , déclarons que lesdits Marchands des Cantons & Alliez jouiront pour toutes leurs marchandises tant fabriquées ou apprêtees en Suisse, qu'autres, qui selon le Traité de Paix perpetuel de 1516. doivent être exemptes desdits peages & impots, tant en entrant qu'en sortant de France, de tous les Privileges & immunitez dont ils doivent jouir en vertu dudit Traité : lesdits Marchands ne seront plus troublez, ni molestez en aucune façon contre lesdites immunitez.

Il y a encore diverses autres Lettres Patentes de differens Rois que l'on ne rapportera pas, parce qu'elles tendent toutes à mêmes fins; même le feu Roy de glorieuse Memoire, par l'Acte du mois de Novembre 1663. portant ratification du Traité de la même année, a confirmé *le tout aux mêmes clauses, conditions & avantages accordés par les Rois Louis XI. François I. & particulierement par le Roy Henry IV en l'an 1602. ce que Sa Majesté par serment publiquement fait dans l'Eglise de Notre-Dame de Paris, à promis maintenir & conserver de point en point, sans aucune reserve, ni diminution.*

Ce grand Roy a depuis rendu un très-grand nombre d'Arrêts par lesquels il maintient tous les Suisses dans la jouissance de tous leurs Privileges, soit qu'ils fussent dans le service ou non; l'on en citera seulement trois ici : le premier du 18. Mars 1704. & les deux autres des 23. Septembre & 7. Octobre 1710. en faveur des Suisses établis à Nevers, qui n'étoient & n'avoient même jamais été dans le service. On a cru devoir rapporter le premier en entier, parce qu'il contient une déclaration autentique des Exemptions & Privileges des Suisses, dans lesquels ce même Arrêt les confirme.

*L*E *Roy étant informé que les Officiers de plusieurs Elections prétendoient en conséquence des Edits des mois de May mil sept cent deux, & Janvier mil sept cens trois, par lesquels il a été ordonné que les Privilegiez seroient tenus de faire enregistrer les titres de leurs Privileges aux Greffes des Elections, que les Suisses qui sont domiciliez dans l'étendue de leur ressort, étoient obligez de faire enregistrer les titres des Privileges accordés par Sa Majesté & par les Rois ses predecesseurs, aux Suisses qui viendroient s'habituer dans le Royaume; & que lesdits Officiers des Elections vouloient faire payer à chacun desdits Suisses les droits reglés par la Déclaration du 17. Juillet 1703. pour l'Enregistrement des titres des Privilegiés, à faute de quoi ils leur faisoient entendre qu'ils demeureroient déchus desdits Privileges : & d'autant que l'Enregistrement ordonné par lesdits Edits & Déclarations ne concerne que ceux qui jouissent des Privileges & Exemptions en conséquence des Offices dont ils sont*

pourvûs, ou à l'exercice defquels ils font commis, & que la difpo-
fition defdits Edits & Déclarations, ne peuvent concerner ceux qui
jouiffent des Privileges & Exemptions par des conceffions particu-
lieres; & d'ailleurs Sa Majefté voulant que les Suiffes qui font
actuellement demeurans dans le Royaume, & ceux qui viendront
s'y établir dans la fuite, jouiffent des Privileges & Exemptions
qui leur font accordés, fans pouvoir y être troublés, ni inquietés,
fous quelque pretexte que ce foit : Oui le rapport, &c. Sa Ma-
jefté en fon Confeil, a déchargé & décharge les Suiffes habitués
dans le Royaume, & qui viendront s'y habituer dans la fuite, de
faire enregiftrer aux Greffes des Elections ni ailleurs, les titres
de leurs Privileges & Exemptions. Fait Sa Majefté défenfes aux
Officiers des Elections de faire pour raifon de ce aucune pourfuite
contre eux : veut Sa Majefté que lefdits Suiffes jouiffent pleine-
ment & paifiblement des Privileges & Exemptions à eux accor-
dés, & dont ils ont droit de jouir, fans pouvoir y être troublés
fous quelque pretexte & en quelque maniere que ce foit.

Il réfulte de cet Arrêt une preuve convaincante & invincible,
que ce grand Monarque a voulu que tous les Suiffes en general,
habituez dans le Royaume, & qui viendroient s'y habituer dans la
fuite, jouiroient de tous ces Privileges & Exemptions.

L E 2e. du 23. Septembre 1710. ordonne que, *fans avoir égard à*
l'Ordonnance du 30. Avril dernier, que Sa Majefté a caffé &
annullé, a déchargé & décharge Pierre Seigne, Pierre le Gex, &
la veuve Vannier, Suiffes établis en la Ville de Nevers, vivant
de leur trafic & induftrie, & ne faifant valoir aucun bien, ni ferme
pour autrui, des fommes pour lefquelles ils ont été impofés aux Rôles
de la Ville de Nevers, pour les années 1709. & 1710. Sa Majefté fait
défenfes aux Maire, Efchevins & Collecteurs de ladite Ville de les
y comprendre à l'avenir, & de les troubler dans leurs Privileges,
peine d'en répondre en leur propre & privé nom, & de tous dépens,
dommages & interêts; & en conféquence, que ledit Seigne, le Gex
& la veuve Vannier, feront rayez des Rôles des Tailles & Uftan-
ciles defdites années 1709. & 1710. ordonne que les fommes, frais
& dépens que lefdits Seigne, le Gex & Vannier ont été contrains
de payer, leur feront rendues & reftituées, & à cet effet réimpofées
à la diligence defdits Maire, Echevins & Collecteurs fur la Ville
de Nevers; condamne Sa Majefté lefdits Echevins & Collecteurs

aux dépens de l'Instance, & de tout ce qui s'en est ensuivi, liquidé à la somme de cent quatre-vingt-douze livres, non compris le Contrôle.

L E 3e. du 7. Octobre de la même année 1710. ordonne que les *Lettres Patentes des mois de Novembre 1602. & Novembre 1663. & Arrêts rendus en conséquence, seront exécutez selon leur forme & teneur; ce faisant, sans s'arrêter à l'Ordonnance rendue par le sieur Turgot le 23. Juillet 1710. a maintenu & maintient ledit Seigne, le Gex & veuve Vannier dans les Privileges & Exemptions accordés à la Nation Suisse, par les Traitez faits entre Sa Majesté & les Cantons; décharge Sa Majesté ledit Seigne & sa femme du payement des taxes des Arts & Métiers, pour lesquelles ils ont été pris dans les Rôles des Menuisiers & Epiciers, de ladite Ville de Nevers, & les Supplians de toutes autres taxes personnelles qui ont été & qui pourroient être faites sur eux, pour raison de leur commerce, trafic & industrie; ensemble des logemens de gens de guerre, guet & gardes, entrées sur les bestiaux & autres charges. Fait Sa Majesté très-expresses inhibitions & défenses aux Maire, Echevins & Collecteurs, Syndics & Jurez des Arts & Métiers, & à tous autres de les troubler dans lesdits Privileges & exemptions, à peine d'en répondre en leurs propres & privés noms, de cinq cens livres d'amende, & de tous dépens, dommages & interêts: ordonne que les sommes que lesdits Seigne, le Gex & veuve Vannier pourroient avoir été contrains de payer pour raison de ce, leur seront rendues & restituées, à ce faire ceux qui les ont reçûes, contrains par toutes voyes dûes & raisonnables, quoi faisant déchargez: enjoint au sieur Turgot, Commissaire départi pour l'exécution de ses ordres dans la Généralité de Moulins, de tenir la main à ce que le present Arrêt soit exécuté nonobstant toutes oppositions ou autres empêchemens, dont si ancuns interviennent, Sa Majesté s'en est réservé la connoissance & à son Conseil, & icelle interdite à toutes ses Cours & autres Juges.*

Aprèt

Aprés avoir rapporté tous les Traitez, & Lettres Patentes en vertu defquels les Suiffes joüiffent en France de leurs Privileges & Exemptions; il ne fera pas difficile de détruire les erreurs affectées du Memoire auquel les Suiffes fe propofent de répondre; & pour le faire avec plus de précifion, on a crû devoir fuivre la methode courte & facile, de mettre d'un côté les Objections ou Propofitions du Memoire, & les Réponfes de l'autre.

MEMOIRE.

I.

LA levée du Dixiéme, ordonnée par la Déclaration du 14. Octobre 1710. dont les Suiffes établis en France prétendent devoir être exempts, a donné lieu à Monfeigneur, de demander qu'il fût fait une recherche exacte des Privileges & exemptions dont la nation Suiffe a droit de joüir en France.

II.

Par l'examen qui a été fait des Titres fur lefquels ces Privileges

RÉPONSE.

I.

L'Auteur a mal fatisfait aux ordres qui lui avoient été préfcrits: car au lieu de rapporter fidélement ces Privileges, il n'a eu d'autre vûë que de chercher les moyens de les faire fupprimer; fa compilation n'eft point exacte, il a affecté de tronquer ou d'affoiblir les termes des Traitez, & de leur donner des interprétations forcées, & directement contraires à leurs difpofitions qui font claires & précifes.

II.

L'on demeure d'accord de cet Article, mais l'Auteur a mal exa-

C

MEMOIRE.	**RÉPONSE.**

font fondez ; il paroît que le Roy Charles VII. fut le premier de nos Rois, qui fit alliance avec les Cantons de la vieille Ligue de la haute Allemagne, depuis appellez Suiſſes, leſquels n'étoient alors qu'au nombre de neuf ; ſçavoir, Zurich, Berne, Soleur, Lucerne, Ury, Suitz, Underwalden, deſſus & deſſous le Bois, Zug & Glaris.

examiné les Titres, & n'en rapporte pas les termes avec la fidélité qu'il devoit, pour éclaircir la Réligion du Miniſtre qui l'avoit chargé, & qui ne cherchoit qu'à faire juſtice aux Suiſſes ſur les troubles qui leur étoient faits journellement par les Gens d'affaires, les Fermiers, & leurs Commis, comme il paroît par les trois Arrêts que l'on a citez ci-deſſus.

III.

Par ce Traité, qui eſt daté de la quatriéme férie d'après Pâques, de l'année 1453. & conçû en deux Articles ſeulement ; ce Prince promet pour lui & ſes Succeſſeurs. *Primo.* Un accord & convention durable à toujours avec les Cantons ; de ne leur être jamais contraire, ni à leurs Succeſſeurs, par lui, ni par ſes Sujets, & de ne donner ayde, ſecours, ni faveur à perſonne qui veuillent entreprendre contr'eux.

2°. Que les Habitans & Sujets des Cantons, de toutes qualitez pourront paſſer & retourner avec tous leurs Biens, Equipages, Armes & Bagages par-tout le Royaume, ſans aucun trouble ; pourvû qu'à l'occaſion de cette permiſſion, il ne ſoit apporté aucun dommage à ſes Sujets, aux Prin-

III.

L'on demeure auſſi d'accord du premier Article de ce Traité.

A l'égard du ſecond, l'Auteur n'en rapporte pas fidélement les termes, il les altere ; les voici tels qu'ils ſont :

Les Bourgeois, Habitans, Meſſagers, Marchands, Nobles & Roturiers, de quelque qualité & condition qu'ils ſoient, paſſeront à cheval, à pied, armés, non armés, repaſſeront, DEMEURERONT ET TRAFIQUERONT EN FRANCE ET PAR-TOUTE L'ÉTENDUE DE NOTRE ROYAUME, *ſans qu'empêchement leur ſoit fait, à condition que les ſuſdits ne contreviendront en aucun point à ce préſent Traité.*

Ces mots Nobles & Roturiers donnent lieu à une obſervation, ſçavoir ; que les Suiſſes faiſant

MEMOIRE.

ses de son Sang & à ses Conféde-
rez & Alliez.

RÉPONSE.

commerce en France ne dérogent
pas, comme il plaît à l'Auteur
du Memoire de l'avancer dans
la suite de son discours.

IV.

Ce Traité fut depuis ratifié le
27. Novembre 1463. par le Roy
Louis XI. qui par un second Traité du 10. Janvier 1474. fit une
Alliance plus étroite avec les mêmes Cantons ; par laquelle il s'o-
bligea 1°. de leur donner ayde ,
secours , & défense à ses dépens
dans toutes leurs Guerres , & spé-
cialement contre le Duc de Bour-
gogne , &c. *L'Auteur fait ici un
détail inutile de la solde & des
Pensions données aux Suisses.*

IV.

L'on n'entrera point dans l'examen des Articles du Traité fait par
Louis XI. le 27. Novembre
1463. portant Ratification de celui de Charles VII. ni dans l'examen de celui du même Roy Louis
XI. du 10. Janvier 1474.

L'on observera seulement sur
le troisiéme Article , que les Suisses jouissant des mêmes Franchises ; Immunitez & Privileges
dont jouissent les Sujets du Roy ,
sont censez Regnicoles , & comme tels , exempts du Droit d'Au-
baine ; par conséquent ils peuvent acquerir en France , disposer &
heriter comme les Sujets du Roy.

L'Auteur pouvoit se dispenser d'entrer dans un détail tout-à-fait
étranger & qui n'a nul rapport avec les Privileges des Suisses, qui
sont pourtant la seule matiere dont il est ici question.

V.

Le même Roy Louis XI. ac-
corda nommément des Privileges
& Exemptions aux Suisses par ses
Lettres Patentes du mois de Septembre 1481. dont les dispositions sont très - remarquables ,
puisqu'elles servent de fondement

V.

L'on ne convient pas que les
Lettres Patentes du Roy Louis
XI. de 1481. soient le premier
fondement de tous les Privileges
& Exemptions des Suisses, puis-
que l'on vient de faire voir sur les
Articles III. & IV. que la liberté

MEMOIRE.

à toutes les prétentions des Suisses.

Ce Prince déclare par ces Lettres , qu'en conséquence des anciennes Alliances & Confédérations qui avoient été faites entre lui & les Cantons Suisses , pour la tuition & défense commune de leur Pays, les Suisses étoient venus plusieurs fois à son secours avec de grosses Armées , & s'étoient utilement employez dans ses Guerres contre ses ennemis ; qu'à cette occasion plusieurs d'entr'eux s'étoient mariez & habituez dans le Royaume, où ils avoient intention de demeurer le reste de leur vie ; & pour les maintenir & attirer à son service ; & les exciter à venir s'habituer & demeurer dans le Royaume.

Il ordonne , *primo.* Que tous ceux de cette Nation , qui étoient alors , ou seroient à l'avenir demeurans à son Service , étant gagez & soldoyez , & qui s'étoient mariez ou habituez , se marieroient & s'habitueroient ci-après dans le Royaume, pourroient y acquerir tous biens , meubles & immeubles, les posseder & en disposer par testament, donations

REPONSE.

du commerce & l'Exemption du Droit d'Aubaine étoient déja établis en faveur des Suisses en France : mais l'on demeure bien d'accord que ces Lettres Patentes sont le fondement des augmentations des Privileges qui ont été faites par la suite.

Ces Exemptions sont accordées non-seulement aux Suisses actuellement au service du Roy, mais à tous les Suisses en general , suivant qu'il a été ci-devant remarqué , conformément à tous les Traitez , & particuliérement à l'Article IX. du Traité de François I. & aux Lettres Pàtentes d'Henry IV. Et quand il seroit vrai que ces Lettres de Louis XI. de 1481. n'eussent été accordées qu'en faveur des Militaires , l'Article IX. du Traité de 1516. & les Lettres Patentes d'Henry IV. de 1602. & des Rois ses successeurs , leveroient toujours toutes difficultez ; puisqu'il y est dit , que ces Privileges sont accordez à tous ceux de la Nation Suisse, *de quelqu'état & dignité qu'ils soient,* tant au service , *qu'à tous autres de ladite Nation.*

entre vifs, ou autrement , ainsi que bon leur semblera , & que leurs femmes, enfans , ou héritiers pourront les recüeillir & leur succeder , comme s'ils étoient natifs du Royaume : à l'effet de quoi , ils sont autorisez & habilitez , sans qu'eux , leurs femmes ,

MEMOIRE.

enfans, ou héritiers puiſſent être tenus de payer pour raiſon de ce, aucune finance, ni indemnité, dont le Roy leur fait dèſlors don, à quelque ſomme qu'elles puiſſent monter. 2°. Et afin que les Gens de Guerre de ladite Nation, qui demeuroient alors, & viendroient dans la ſuite demeurer dans le Royaume, & qui ſeroient à ſes gages & ſolde, puiſſent mieux vivre & s'entretenir ſans être inquiettez, & que les autres ayent meilleur courage de s'y habituer en plus grand nombre, ordonne qu'eux, & leurs femmes veuves, durant leur viduité, ſeront leur vie durant exempts de toutes Tailles & Impôts, Aydes & Subventions quelconques, mis & à mettre dans le Royaume, ſoit pour l'entretenement des Gens de Guerre, ou autrement, pour quelque cauſe ou prétexte que ce ſoit, comme auſſi Exempts du Guet, & Garde des Portes en quelque lieu du Royaume qu'ils demeurent. Ces Lettres regiſtrées en la Chambre des Comptes de Paris, au mois d'Octobre 1481.

MEMOIRE.	RÉPONSE.
VI.	**VI.**
Les Rois Charles VIII. Louis XII. François I. Henry II. Charles IX. & Henry III. ont ſucceſſivement confirmé ces Privileges par des Lettres Patentes regiſtrées.	L'on convient que ces Rois ont ſucceſſivement confirmé tous ces Privileges par leurs Lettres Patentes dont l'on a ci-devant fait le détail, mais cette confirmation regarde tant les Militaires, *que tous autres de la Nation Suiſſe.*
VII.	**VII.**
Le Roy Henry IV. rendit auſſi deux Déclarations particuliéres au ſujet de l'Exemption des Droits d'Aydes.	Il eſt vrai que le Roy Henry IV. a rendu les deux Déclarations particuliéres dont il eſt parlé dans le Memoire ; la premiére du 26. Avril 1598. en faveur de Claude de la Vigne, qui avoit ſervi vingt ans ; qui exempte lui, ſa femme
Par la premiére, donnée à Nantes le 26. Avril 1598. il ordonna que Claude de la Vigne, natif de	

MEMOIRE.

Lauzanne, Canton de Berne en Suiffe, qui avoit fervi plus de vingt ans dans les Gardes & Armées du Roy, & qui étoit marié, & vouloit réfider en France, feroit exempt, enfemble fa femme & famille, de toutes Tailles & Aydes, même ledit de la Vigne des Droits d'Impôts des Vins qu'il vendra par le menu en la maifon où il demeurera, & de toutes Impofitions, Subventions quelconques, mis & à mettre pour quelque caufe & raifon que ce foit : ladite Déclaration regiftrée au Parlement de Rennes, le 8. Fevrier 1601.

La feconde donnée à Paris le 23. Mars de la même année 1601. porte que le nommé Cottard, l'un des Cent Suiffes de la Garde, qui fervoit dans la Compagnie depuis treize ans, feroit exempt lui & fa femme de l'Impofition de vingt & vingt-cinq fols par muid de Vin d'entrée dans la Ville de Paris, des Vins qu'il y feroit venir, nonobftant les Edits des années 1597. & 1600. qui portoient, que ces Droits feroient payez par toutes fortes de perfonnes exempts ou non exempts, privilegiez ou non privilegiez.

RÉPONSE.

& famille de toutes Tailles & Aydes, même du Droit d'Impôts fur les Vins qu'il vendra par le menu dans fa maifon d'habitation.

La feconde du 23. Mars 1601. qui exempte le nommé Cottard, l'un des Cent Suiffes de la Garde, fervant depuis treize ans, & fa femme, de l'Impofition des Droits de vingt & vingt-cinq fols par muid de Vin d'entrée dans la Ville de Paris, fur les Vins qu'il y feroit venir, nonobftant les Edits des années 1597. & 1600. qui portoient que ces Droits feroient payez par toutes fortes de perfonnes exempts & non exempts.

Mais la conféquence que l'Auteur du Memoire prétend tirer de ces Déclarations dans fes Obfervations, qu'il faut que les Suiffes, pour jouir de leurs Privileges, ayent fervi, n'eft pas jufte ; la preuve en réfulte des Déclarations mêmes qu'il cite, puifque le Roy y déclare que lefdits de la Vigne & Cottard, *défirant joüir d'iceux Privileges & Exemptions, ainfi que tous les autres Suiffes de leur Nation, mariés, & demeurans ès Villes de notre Royaume*, le Roy confirme & approuve *lefdits Privileges accordés à nofdits très-chers grands amis &*

Alliés les Suiffes, & Communauté des anciennes Ligues des hautes Allemagnes. Au furplus il ne s'enfuit pas, parce que ces particuliers

RÉPONSE.

avoient été ou étoient actuellement dans le service, qu'il soit necessaire que tous les autres y soient ou y ayent été ; ce n'est pas à cause
que la Vigne & Cottard avoient été dans le service, mais parce qu'ils
étoient Suisses de Nation, qu'ils sont continuez dans les Privileges &
Exemptions accordez à la Nation, comme on va le démontrer
sur l'Article suivant.

<table>
<tr><td>

MEMOIRE.

VIII.

Le même Roy Henry IV.
ayant renouvellé en l'année 1602.
les Traitez d'Alliance avec toute
la Nation Suisse, leur accorda
des Lettres Patentes au mois de
Novembre de ladite année, dans
le préambule desquelles sont rap-
portez la premiére concession de
Louis XI. les motifs sur lesquels
elles avoient été faites & les con-
firmations qui en avoient depuis
été accordées par tous les Rois ses
successeurs.

Par ces Lettres, ce Prince, en
considération des grands services
que les Cantons lui avoient ren-
dus dans les derniéres Guerres,
& pour leur donner occasion de
perseverer dans leur zele & affec-
tion, confirme aux Suisses étant
à ses gages & solde, mariez &
habituez dans le Royaume, & à
leurs veuves demeurant en vidui-
té, tous & chacuns les Privile-
ges, Franchises, Libertez, Exemp-

</td><td>

RÉPONSE.

VIII.

L'on convient que le même
Roy Henry IV. renouvella les
Traitez avec la Suisse en 1602. &
qu'il accorda des Lettres Patentes
au mois de Novembre de la même
année ; que dans le préambule,
la premiére concession de Louis
XI. est rappellée, ainsi que les
confirmations accordées par tous
les Rois, ses successeurs ; l'on
convient aussi que ces mêmes Let-
tres Patentes confirment aux Suis-
ses, *tous & un chacun les Privi-
leges, Franchises, Libertés, Exemp-
tions & Immunités à eux octroyées
par les Rois ses Prédécesseurs,
pour en joüir & user par eux &
leurs successeurs à perpétuité.*

C'est ici que l'Auteur du Mé-
moire fait paroître son peu d'exac-
titude & sa supposition, s'il ne
s'est pas servi de pieces altérées
ou falsifiées, pour soûtenir les
fausses Observations qu'il fait dans
la suite de son Memoire.

</td></tr>
</table>

MEMOIRE.

REPONSE.

tions & Immunitez à eux donnez & octroyez par fes prédéceffeurs, pour en joüir & ufer par eux & leurs fucceffeurs à perpétuité, comme ils avoient bien & dûment fait jufqu'alors. Ces Lettres regif-trées au Parlement le 10. Mars 1603. en la Chambre des Comptes le 6. Juin, & en la Cour des Aydes le 22. Août fuivant.

Il demeure bien d'Accord que ces Privileges font confirmez aux Suiffes étant aux gages & folde du Roy, mariez & habituez en France, & à leurs veuves durant leur viduité; mais il fuppri-me exprès les termes: *& à tous autres de ladite Nation*; termes pourtant répétez jufqu'à cinq ou fix fois dans lefdites Lettres Pa-tentes. L'on ne peut donc regar-der la fuppreffion affectée des ces termes: *& à tous autres de ladite Nation*; tant de fois répétez, que comme un deffein formé d'en impofer au Confeil & de furprendre la Religion du Roy & de fes Miniftres.

IX.

IX.

Louis XIII. accorda de pareil-les Lettres de Confirmation au mois de Decembre 1618. regif-trées en Parlement le 26. Janvier 1619. & en la Cour des Aydes le 15. Fevrier de la même année.

L'on convient que le Roy Louis XIII. a confirmé les mê-mes Privileges par fes Lettres Pa-tentes du mois de Decembre 1618. mais le même efprit de furprife, fait taire à l'Auteur du Memoire, que ces Lettres confir-ment du mois de Novembre de

ment auffi celles du Roy Henry IV. 1602. dont il vient d'être parlé; qui portent, que ces Privileges font accordez *à tous ceux de la Nation Suiffe*; & cela toujours dans la vûë d'infinuer, que pour joüir de ces Privileges, il faut être dans le fervice.

Il omet auffi les Lettres Patentes du même Roy Louis XIII. du 4. May 1622. ci-devant rapportées; qui établiffent que tous les Suiffes établis en France, font confirmez dans ces *Exemptions, Privileges & Franchifes*, & joüiffent de la liberté d'y faire commerce & trafic, *fans pour raison de leur trafic & induftrie, être fujets à aucunes taxes, ni nouvelles impofitions.*

X.

MEMOIRE.

X.

Quant aux Droits d'Aydes, il paroît par une Déclaration du même Roy Louis XIII. du 25. Janvier 1625. renduë à l'occasion de la réduction qui avoit été faite par un Arrêt du Conseil du 2. Juin 1620. de l'Exemption des Droits de huitiéme & du vingtiéme du Vin que les Cent Suisses vendroient en détail, il fut ordonné qu'au lieu des quatre qui avoient été retenus par cet Arrêt, pour joüir de ce Privilege, treize des Cent Suisses de la Garde du Roy, mariez & habituez dans le Royaume, gagez & soldoyez, y compris leur Clerc du Guet, pourroient à commencer du premier Octobre 1625. vendre & débiter en détail & en une seule cave pour chacun d'eux, telle quantité de vin que bon leur sembleroit, sans être tenus de payer les Droits de huitiéme, mais seulement le Droit d'Entrée.

La même Déclaration désigne les rues & quartiers de la Ville de Paris où les treize Suisses privilegiez doivent loger, ordonne qu'ils seront employez par noms & surnoms dans un Rôle qui sera envoyé à la Cour des Aydes; excepte leurs veuves de la joüissance du Privilege, à moins que ces

RÉPONSE.

X

Quant aux Droits d'Aydes, tout le détail que fait l'Auteur du Memoire, ne regarde uniquement que les Cent Suisses de la Garde; l'on n'entrera point dans l'examen de tous les Titres citez à ce sujet.

Mais quant à ce qui concerne la Nation en general, l'Exemption des Droits d'Aydes est établie & fondée sur tous les Traitez, qui ne peuvent être détruits que par la rupture de l'alliance du corps Helvétique avec la France; c'est cette Alliance qui en est la baze & le fondement.

Si d'un côté le Roy a supprimé cette Exemption à l'égard des Cent Suisses, Sa Majesté les a indemnisez de l'autre, par une augmentation de Paye, ce qui a pû les empêcher de se plaindre; car cette augmentation de paye leur a été accordée simplement par rapport à la suppression de l'Exemption des Droits d'Aydes à leur égard, puisqu'actuellement ils joüissent encore de tous les autres Privileges; ainsi ce n'est point une suppression, mais plûtôt une confirmation de cette Exemption que Sa Majesté a faite aux Cent Suisses, puisque par cette augmentation de Paye, elle leur rend un

MEMOIRE.

veuves ne tiennent lieu de l'un des treize, & exclut nommément tous autres Suisses, de quelque Compagnie que ce soit, de la faculté de tenir Hotellerie ou Cabaret, &c.

XI.

Quant à l'Exemption de la Taille des Suisses, le Roy, ayant par l'Article XI. de l'Edit du mois de Janvier 1634. portant Reglement general pour les Tailles, ordonné que les Officiers des quatre Compagnies de les Gardes du Corps, & les Cent Suisses de sa Garde seulement, joüiront de l'Exemption des Tailles, pourvû qu'ils ne fassent commerce & marchandise, qu'ils ne tiennent ferme d'autrui, & servent actuellement, & non autrement.

RÉPONSE.

benefice fixe & certain, pour les dédommager de la restriction de ce Privilege.

XI.

L'Exemption de la Taille, qui fait l'objet de cet Article, est trop bien établie par les Traitez & par les Lettres Patentes données en conséquence, pour que l'Article XI. de l'Edit du mois de Janvier 1634. puisse y donner atteinte; & si l'Auteur du Memoire le cite, ce n'a été que dans la vûë d'insinuer, comme il fait dans la suite, que les Suisses, même dans le service, sont sujets à la Taille.

Mais à quoi bon contester sur le fait certain que tous les Suisses generalement joüissent de l'Exemption de la Taille, & que toutes les fois que l'on a voulu les comprendre dans les Rôles, ils en ont toujours été déchargez ? On en a ci-dessus rapporté la preuve, dans l'Arrêt du Conseil du 23. Septembre 1710. qui casse une Ordonnance du sieur Intendant de Moulins, & décharge trois Suisses établis à Nevers, vivant de leur trafic & industrie, du payement des sommes pour lesquelles ils avoient été imposez aux Rôles de la Ville de Nevers, avec défenses aux Escheyins & Collecteurs de les y comprendre à l'avenir.

XII.

Les autres Suisses à la solde du Roy, firent leurs remontrances,

XII.

L'Auteur prétend induire de cette Déclaration, que les Suisses

MEMOIRE.

Sur ce que nonobstant leurs Privileges, ils avoient été omis dans cet Article, & en conséquence il fut rendu le 23. Septembre 1634. une Déclaration, portant que tous les Suisses étant au service, gages & solde du Roy, mariez & habituez, & qui se marieroient & s'habitueroient à l'avenir dans le Royaume, & leurs veuves durant leur viduité, joüiront des Privileges à eux accordez d'ancienneté; ainsi qu'ils en avoient bien & dûment joüi, nonobstant que par inadvertance, ils n'eussent été compris dans cet Edit.

REPONSE.

qui ne sont pas dans le service, doivent payer la Taille; mais il ne fait pas attention que ces termes: *à eux accordez d'ancienneté,* renferment les Traitez & les Lettres Patentes d'Henry IV. de Novembre 1602. qui prouvent positivement que les Privileges accordez aux Suisses, ne regardent pas seulement ceux qui sont dans le service, mais encore *tous les autres de la Nation;* ces Lettres Patentes sont entiérement conformes à tous les Traitez, qui accordent ces Privileges & Exemptions à tous les Suisses indifféremment *de quelqu'état, qualité, condition & dignité qu'ils soient.*

D'ailleurs, supposé que cette Déclaration n'eût été obtenue que par des Suisses étant au Service, leurs remontrances ne peuvent pas nuire à ceux qui n'y sont pas; puisque cette Exemption de la Taille est fondée sur des Traitez conclus entre les deux Nations, & que les décisions de l'une des Parties ne peuvent être valables, si elles sont contraires à des Articles stipulez en faveur de l'autre; d'ailleurs, ce que cette Déclaration pourroit contenir de préjudiciable aux Suisses, seroit toujours détruit par les confirmations postérieures de Novembre 1663. & par la possession dans laquelle les Suisses ont été maintenus depuis par différens Arrêts.

XIII.

Quoique l'un & l'autre de ces titres semblassent exclure les Suisses à la solde, de la faculté de faire commerce & trafic, cependant on rapporte un Ordre du Roy du

XIII.

L'on ne voit pas sur quoi l'Auteur du Memoire prétend fonder que l'Article XI. de l'Edit du mois de Janvier 1634. & la Déclaration du 23. Septembre sui-

MEMOIRE.　　RÉPONSE.

6. Juillet 1641. portant injonction de faire rayer du Rôle des Tailles de Saint Cloud Nicolas Lienard, l'un des Cent Suiſſes de la Garde du Roy, qui y avoit été compris. Un Arrêt du Conſeil du 12. Septembre 1654. rendu au profit de Michel Bachelart, Sergent de la Compagnie Generale des Gardes Suiſſes, demeurant au Village de Chaillot, où il vendoit du vin, & donnoit à manger, lequel avoit été impoſé à la Taille, à cauſe de ſon trafic & induſtrie ; par lequel Arrêt, conformément aux Traitez d'alliances & confédérations faites avec les anciennes Ligues des Suiſſes, Lettres Patentes & Arrêts du Conſeil ſur ce intervenus, ledit Bachelard fut maintenu & gardé dans l'Exemption des Tailles, Subventions, Aydes & autres Impoſitions, accordée à la Nation Suiſſe par ces Traitez. Ce faiſant, ordonne qu'il ſera rayé du Rôle des Tailles de Chaillot, s'il y avoit été compris ; avec défenſes aux Habitans & Collecteurs de cette Paroiſſe, de l'impoſer à l'avenir, pour raiſon du trafic qu'il pourra faire, à peine de 3000. livres d'amende, dépens, dommages & interêts.

vant, ſemblent exclure les Suiſſes de la faculté de faire commerce : il eſt bien vrai que l'Edit de 1634. exclut les Officiers des quatre Compagnies des Gardes du Corps de faire commerce ; & il eſt vrai auſſi que la Déclaration du 23. Septembre 1634. ne parle en quelque façon que ce ſoit de faire ou de ne pas faire commerce ; c'eſt un Privilege inconteſtable que la liberté du commerce des Suiſſes en France ; rien n'eſt ſi ſolidement établi par tous les Traitez.

Au ſurplus l'Ordre du Roy du 6. Juillet 1641. portant injonction de faire rayer Nicolas Lienard, l'un des Cent Suiſſes, du Rôle des Tailles de Saint Cloud ; l'Arrêt du Conſeil du 12. Septembre 1654. qui ordonne que Michel Bachelard, Sergent de la Compagnie Generale des Gardes Suiſſes, ſeroit rayé des Rôles des Tailles de Chaillot, quoiqu'il y vendît vin, & y donnât à manger ; & qui a confirmé ledit Bachelard, dans l'Exemption des Tailles, Subventions, Aydes & autres Impoſitions, accordées à la Nation Suiſſe par les Traitez, Lettres Patentes & Arrêts du Conſeil ſur ce intervenus, avec défenſes aux Habitans & Collecteurs, de le comprendre à l'avenir dans le Rôle des Tailles, à peine de 3000. livres

prendre à l'avenir dans le Rôle des Tailles, à peine de 3000. livres d'amende, dépens, dommages & interêts ; ces Titres ſont entiérement contraires à l'intention de l'Auteur du Memoire, qui ne peut s'empêcher de demeurer d'accord, que les Privileges font accordez à la Nation Suiffe, & non pas à ceux feulement de ladite Nation qui font dans le fervice, comme il tâche de l'infinuer, pour donner, s'il lui étoit poffible, quelque poids à fes fauffes Obfervations, dont on parlera en leur lieu.

MEMOIRE.	*RÉPONSE.*
XIV.	XIV.

| Second Arrêt du Confeil du 11. Août 1659. portant que conformément aux Déclarations de 1581. & 1634. & Arrêt de vérification de la Cour des Aydes de Paris, du 17. Janvier 1635. tous ceux des hautes Allemagnes, dits Ligues Suiffes & Grifes, mariez & non mariez, étant aux gages & folde du Roy, & leurs veuves demeurant en viduité, joüiront de ladite Exemption de Tailles & autres Impofitions, avec défenfes aux Efchevins de Saint Denys, & Habitans des Villages de Saint Cloud, Iffy, Vaugirard, Ville-Juif, Charenton & autres circonvoifins de Paris, & leurs Syndics & Collecteurs, de com- | Cet Arrêt eft encore favorable à la Nation Suiffe, puifqu'il porte, que ceux des Ligues Suiffes & Grifes, & leurs veuves demeurant en viduité, ne pourront être compris dans les Rôles des Tailles & autres Impofitions; & quoiqu'il ait été obtenu par des Suiffes étant dans le fervice, il ne s'en fuit pas pour cela que ceux qui n'y font pas, ne doivent pas joüir des mêmes Exemptions, comme l'Auteur du Memoire voudroit l'infinuer, puifque l'Arrêt porte défenfes de comprendre *ceux defdites Ligues Suiffes & Grifes* en general, dans les Rôles des Tailles & autres Impofitions. |

prendre ceux defdites Ligues, & leurs veuves demeurant en viduité, ordonne qu'ils feront rayez de ceux dans lefquels ils auront été compris, & que les fommes qu'ils avoient payées, leur feroient rendues, & même permis d'affigner au Confeil les Collecteurs contrevenans.

MEMOIRE.

XV.

Troisiéme Arrêt du Conseil du 8. Septembre 1659. rendu sur la Requête des Colonels, Capitaines, Officiers & Soldats Suisses & Grisons étant au service du Roy, & les veuves demeurant en viduité de ceux qui étoient décédez dans le même service, portant main-levée des saisies faites & à faire sur eux par les Collecteurs de Saint Denys, Vaugirard, & autres lieux, pour raison de la Taille & autres Impositions, restitution des meubles saisis ou de la valeur ; itératives défenses aux Collecteurs de faire aucunes poursuites pour raison de la Taille & autres Impositions contre les Suisses étant au service, ou leurs veuves en viduité, jusqu'à ce qu'il en eût été autrement ordonné au Conseil, & joint la Requête aux Instances qui y étoient pendentes.

REPONSE.

XV.

Il en est de même de cet Arrêt du Conseil du 8. Septembre 1659. que de celui du 21. Août dont on vient de parler. Car quoique cet Arrêt ait été obtenu par des Suisses étant dans le service ; il ne s'ensuit pas que les autres de cette Nation ne doivent point joüir des mêmes Exemptions : Mais l'Auteur du Memoire, toujours attentif à insinuer qu'il n'y a que ceux de la Nation qui sont au service, qui doivent joüir des Privileges & Exemptions accordez à toute la Nation, affecte de dire que cet Arrêt a été obtenu sur la Requête des Colonels, Capitaines, Officiers & Soldats Suisses & Grisons étant au service.

Il fait plus, pour embroüiller la matiere, il confond ici cet Arrêt qui ne concerne que les Tailles & autres Impositions, avec les Droits d'Aydes, dont il fait le

principal objet de la question qu'il a mise en avant : mais cet Arrêt ayant été rendu à l'occasion de la Taille & autres Impositions, pour raison de l'industrie, n'a aucun rapport avec ce qui concerne l'Exemption des Droits d'Aydes.

XVI.

Enfin, un quatriéme Arrêt du 28. Fevrier 1660. aussi rendu sur les remontrances des Colonels &

XVI.

L'Arrêt du Conseil du 28. Fevrier 1660. concerne effectivement l'Exemption des Droits

MEMOIRE.

Capitaines Suisses & Grisons, étant au service du Roy, au sujet des troubles qui leur étoient faits au préjudice de leurs Exemptions des Droits d'Aydes, il fut ordonné qu'avant faire droit, lesdits Colonels & Capitaines remettroient dans huitaine entre les mains de Messieurs d'Aligre, de Morangis & de Menardeau, Directeurs, de Breteüil & d'Hervart, Contrôleurs Generaux, Marin, Intendant des Finances, & Tallement, Maître des Requêtes, les Titres des Privileges à eux accordez depuis Louis XI. pour iceux vûs & examinez, & le Fermier des Aydes appellé, leur être pourvû ; & cependant main-levée des saisies faites sur eux pour raison de ce, & surfis à toutes poursuites & contraintes pour le payement de ces Droits à l'encontre desdits Suisses & Grisons étant au service de Sa Majesté, à ses gages & solde, & des veuves en viduité, jusqu'à ce qu'autrement après l'examen desdits Privileges, il en ait été ordonné ; à la charge neanmoins de donner caution pour sûreté des sommes qui se trouveront saisies.

RÉPONSE.

d'Aydes ; mais si Sa Majesté a ordonné que les Titres de cette Exemption depuis Louis XI. fussent remis entre les mains des Commissaires par elle nommez, pour après avoir été vûs & examinez, & le Fermier des Aydes appellé leur être pourvû ; c'est une preuve que le Roy & son Conseil étoient convaincus que les Suisses devoient joüir de l'Exemption des Droits d'Aydes ; d'autant plus que ce même Arrêt fait par provision main-levée des saisies sur eux faites pour raison de ce, & surseoit à toutes poursuites & contraintes pour le payement de ces Droits, jusqu'à ce qu'autrement il en ait été ordonné. Cet Arrêt confirme donc les Suisses dans la possession de jouir de l'Exemption de ces Droits.

Il est inutile d'alleguer que cet Arrêt a été rendu sur les remontrances des Colonels, Officiers & Soldats Suisses étant dans le service ; loin de préjudicier à la Nation en general, cet Arrêt ne fait au contraire que fortifier la justice de ses prétentions ; il est vrai que pour obtenir plus facilement ce que ces Suisses demandoient, ils ont allegué qu'ils étoient, ou

avoient été dans le service ; mais cela ne préjudicie en rien aux Exemptions accordées à la Nation en general.

MEMOIRE.   RÉPONSE.

XVII.   XVII.

On ne voit pas qu'il ait alors été rien décidé en conséquence de ces Arrêts, & il paroît seulement que par l'un des Articles du Memoire présenté au Roy, au mois de Novembre 1663. par les Ambassadeurs des Suisses, ils se plaignirent des innovations qui se faisoient à leurs Privileges, qu'ils prétendoient que l'on vouloit diminuer par de nouvelles impositions : sur quoi ils supplierent Sa Majesté de pourvoir à ce que la Nation fût maintenue dans ses Privileges, comme aussi à l'égard du Droit d'Aubaine & de la Justice, ensorte qu'elle ne fût administrée que par ceux de la Nation Suisse.

Que cet Article fut accordé, que Sa Majesté déclara par sa réponse, qu'elle maintiendroit les Troupes Suisses étant à son service, dans la joüissance de tous leurs Privileges, à l'effet de quoi elle nommoit dèslors des Commissaires pour les examiner.

S'il n'a rien été décidé sur le rapport des Titres énoncez dans l'Article précédent, c'est qu'après avoir été examinez, le Conseil a reconnu que la prétention des Suisses étant juste, il étoit inutile de donner une décision définitive, puisque la possession provisoire leur avoit été adjugée par l'Arrêt du 28. Fevrier 1660. & le Fermier des Aydes qui étoit en cause, n'aura pas voulu attendre une décision qu'il prévoyoit ne pouvoir lui être favorable ; reconnoissant que les Suisses étoient trop bien fondez dans leurs prétentions. La remontrance que les Ambassadeurs des Suisses firent en 1663. touchant les innovations & diminutions que l'on vouloit apporter aux Privileges de leur Nation, étoit juste ; aussi le feu Roy de glorieuse memoire, les a-t-il confirmez en entier par le renouvellement d'Alliance de la même année 1663. Mais l'Auteur du Mémoire qui veut écarter & faire

perdre de vûë la véritable idée des Privileges, & sur-tout de l'Exemption des Droits d'Aydes dont il s'agit ici, confond avec affectation & le Droit d'Aubaine, & le Droit de Justice, qui ne doit être exercé que par ceux de la Nation Suisse ; cependant la force de la verité l'emporte, il ne peut s'empêcher d'avancer que cet Article fût accordé ; si cependant on veut l'en croire, la réponse de Sa Majesté ne regarderoit que le Militaire & la Justice : ce sont de ces détours ordinaires pour donner le change.   MEMOIRE.

MEMOIRE.

XVIII.

Au surplus, le Roy ayant renouvellé pendant les années 1653. 1655. & 1658. les Traitez particuliers d'Alliances avec chacun des treize Cantons & leurs Alliez, ils furent tous rédigez en un seul Traité conclu à Soleure le 4. Septembre 1663. en 25. Articles, pour être exécuté pendant la vie du Roy & de Monseigneur le Dauphin, & huit ans après leurs décès.

Mais ce Traité, non plus que tous les autres qui avoient été faits depuis Charles VII. & Louis XI. ne regarde que la tuition & défense commune des Pays, Terres & Seigneuries, tant de France, que des Suisses; les secours mutuels qu'ils doivent se fournir dans les cas de Guerre de l'un ou l'autre Etat; le nombre de Troupes que le Roy peut faire lever en Suisse à ses dépens; la solde qui doit être donnée à chaque soldat, & le payement des pensions & gratifications que le Roy s'oblige de continuer aux Cantons, tant en general qu'en particulier, lesquelles sont même augmentées par ce dernier Traité; & il ne fait aucune mention, non plus que tous les précédens, des Privileges & Exemptions dont

RÉPONSE.

XVIII.

L'on demeure d'accord que tous les Traitez faits avec differens Cantons en 1653. 1655. & 1658. ont été redigez en un seul Traité conclu à Soleure le 4. Septembre 1663. & que ce Traité contient 25. Articles; mais il n'est pas vrai, comme l'Auteur du Memoire l'avance, que ce Traité, non plus que les précédens, depuis Charles VII. & Louis XI. ne regarde que la *tuition* & défense des Pays de l'une & de l'autre des Parties, & qu'il n'y soit fait aucune mention des Privileges dont les Suisses doivent jouir en France.

Pour en être persuadé, il n'y a qu'à lire l'Article XX. du Traité de 1663. qui contient les mêmes dispositions que celui du Traité de 1653. les Lettres annexes sur cet Article, de 1658. les Lettres Patentes de Louis XIV. de la même année, qui ordonnent l'exécution dudit Article & desdites Lettres annexes, & celles du même Roy de 1663. regiftrées en Parlement le 10. Decembre de la même année, & enfin la confirmation generale de tous les Privileges accordez aux Suisses par tous les Rois, du mois de Novembre 1663.

E

MEMOIRE.	RÉPONSE.

les Suiſſes doivent jouir en France.

Si l'Auteur du Memoire avoit examiné avec attention les Traitez de Charles VII. Article II. de Louis XII. de François I. Article V. & IX. & pluſieurs Lettres Patentes données en différens tems , & par différens Rois, qui ſont ci-devant rapportées , le tout confirmé par le feu Roy Louis le Grand , par ſerment fait dans l'Egliſe de Notre-Dame de Paris au mois de Novembre 1663. il y auroit vû *la liberté du commerce , ſans payer aucuns Droits nouveaux établis depuis 1516. l'Exemption de tous les Droits perſonnels , réels & autres.*

XIX.	XIX

Il ne paroît point au ſurplus depuis l'année 1663. que les Suiſſes ayent demandé , ni obtenu aucunes Déclarations , ni Lettres Patentes confirmatives de leurs Privileges.

Il a ſeulement été rendu nombre d'Arrêts particuliers en différens tems , par leſquels les Suiſſes étant au ſervice & leurs veuves , ont été maintenus dans l'Exemption des Tailles , pour raiſon de leur trafic & induſtrie.

Il eſt bien vrai que depuis l'année 1663. il n'a été rendu aucune Déclaration , ni Lettres Patentes générales , confirmatives des Privileges des Suiſſes , ce qui auroit été inutile ; puiſque dès le mois de Novembre de la même année 1663. le Roy avoit confirmé tous ces Privileges , comme il a été ci-devant obſervé ; mais il a été donné nombre d'Arrêts en faveur des particuliers qui en ont demandé ; auſſi ne peut-on s'êmpêcher de convenir dans le Mémoire de tous ces Arrêts.

L'on obſervera que l'Auteur , qui n'a d'autre objet que de donner atteinte aux Privileges de la Nation en général , ne pouvant pas le détruire en entier , il affecte toujours de dire que les Arrêts n'accordent des Exemptions qu'aux Suiſſes étant dans le ſervice , & il ne veut pas ſe mettre en tête que bien que ces Arrêts ayent été obtenus par des Suiſſes étant dans le ſervice , ils ſont également en faveur de ceux qui n'y ſont pas ; au contraire , c'eſt une confirmation des Privileges accordez à la Nation en général ; outre qu'il ne pouvoit pas

RÉPONSE.

Ignorer qu'il a aussi été rendu plusieurs Arrêts en faveur des Suisses, qui n'étoient pas, & qui n'avoient même jamais été dans le service, il les rapporte lui-même ; mais puisqu'il entre dans le détail de ces Arrêts, on le suivra pied à pied.

MEMOIRE.	RÉPONSE.
XX.	**XX.**

Tel est celui du 24. Decembre 1705. par lequel il a été ordonné que la nommée *Philippe de Laval*, Cabaretiere à Vaugirard, veuve de Jean-Jacques Rimbault, de la Comté de Neuf-Châtel, en Suisse, & Sergent de la Compagnie d'Estavay, Regiment des Gardes Suisses, jouira de l'Exemption des Tailles, Ustanciles, & autres Impositions, tant qu'elle demeurera en viduité ; ce faisant qu'elle sera rayée du Rôle de ladite Paroisse de Vaugirard de l'année 1705. sauf le payement par provision & le rejet, avec défenses aux Collecteurs de cette Paroisse de l'y comprendre à l'avenir, soit pour son trafic, industrie, ou autrement.

L'Arrêt du 24. Decembre 1705. qui décharge la nommée *Philippe de Laval*, veuve de Jean-Jacques Rimbault, Sergent de la Compagnie d'Estavay, de la Taille, Ustanciles & autres Impositions, ne prouve pas la necessité du service pour jouir de ces Exemptions ; puisque suivant les Lettres Patentes du Roy Henry IV. du mois de Novembre 1602. ces Exemptions sont accordées non seulement aux Suisses dans le service ; mais encore à tous ceux de la Nation Suisse en général, établis en France.

Ces Lettres sont conformes à l'esprit & à la lettre de tous les Traitez qui accordent ces Privileges à tous les Suisses, *de quelqu'état & dignité qu'ils soient.*

XXI.

Le vû de cet Arrêt en cite trois autres, l'un du 15. Septembre de la même année 1705. qui main-

XXI.

Les trois Arrêts énoncez dans le vû de celui dont il est ici parlé, sont dans le même cas que ceux de

MEMOIRE.

tient les Officiers & foldats Suiffes de la Garde de Monfieur le Duc d'Orleans dans l'Exemption des Tailles, & Uftanciles & autres Impofitions ; ce faifant, ordonne que Jean-Pancrace Nelle, Tambour Suiffe, de la Compagnie Suiffe de Nancray, fera rayé du Rôle de la même paroiffe de Vaugirard, avec défenfes aux Collecteurs de l'impofer, foit pour raifon de fon trafic & induftrie, ou autrement.

Les deux autres font ceux des 21. Août & 18. Septembre 1659, rendus contre les Collecteurs de Vaugirard dont il a été parlé cy-deffus.

XXII.

Il a encore été rendu le 29. May 1708. un autre Arrêt contradictoire du Confeil, entre Monfieur le Marquis de Courtanvaux, prenant le fait & caufe de Jean le Beau, & Jean-Paul Liard, Cent Suiffes du Roy, demeurant au Roulle, tant pour eux que pour tout le corps des Officiers & Compagnie des Cent Suiffes, & les habitans de la même Paroiffe du Roulle, par lequel il a été ordonné que les Officiers & foldats de la Compagnie des Cent Suiffes de la Garde du Roy jouïront de l'Exemption des Tailles, Uftanciles, & autres Impofitions ; & en conféquence que lefdits Liard & le Beau feront rayez des Rôles des Tailles & Uftanciles de ladite Paroiffe du Roulle de ladite année 1703. fauf néanmoins l'éxécution du Rôle par provifion & le rejet, ordonné au département lors prochain, avec défenfes aux Collecteurs de cette Paroiffe, d'impofer lefdits le Beau & Liard, foit pour leur trafic, induftrie, ou autrement.

Il paroît par le vû de cet Arrêt, que Monfieur de Courtanvaux produifit en l'Inftance les Arrêts cy-deffus des 21. Août & 28. Septembre 1659.

RÉPONSE.

l'Article précédent ; ainfi la même réponfe fert pour tous.

XXII.

L'Arrêt du 29. May 1708. eft auffi dans le même cas ; ainfi même réponfe.

MEMOIRE.

XXIII.

Enfin il a été encore rendu deux Arrêts du Conseil des 23. Septembre & 7. Octobre 1710. le premier au Conseil des Parties au rapport de Monsieur le Vayer, après avoir communiqué au Bureau de Monsieur le Pelletier de Souzy, par lequel, sans s'arrêter à une Ordonnance renduë par Monsieur Turgot, Intendant de Moulins, le 13. Avril précédent, laquelle a été cassée, Pierre Seigne, Souffletier, & Pierre le Gex, Cabaretier, & la veuve Vannier, Apoticaire, tous trois Suisses de Nation, établis à Nevers, y vivant de leur trafic & industrie, & ne faisant valoir aucuns Biens, ni Fermes pour autrui, ont été déchargez des sommes pour lesquelles ils avoient été imposez aux Rôles de cette Ville pour lesdites années 1709. & 1710.

Et par le second rendu au rapport de Monseigneur, lesdits Seigne, le Gex & veuve Vannier, ont aussi été déchargez du payement des Taxes des Arts & Métiers, & de toutes autres Taxes personnelles, pour raison de leur commerce, trafic & industrie, ensemble de logemens de Gens de Guerre, Guet & Garde, Droit d'Entrée sur les bestiaux & autres charges, avec restitution des sommes qui avoient été exigées d'eux.

REPONSE.

XXIII.

Les Arrêts des 23. Septembre & 7. Octobre 1710. qui casse & annule l'Ordonnance de Monsieur Turgot, Intendant de Moulins du 13. Avril précédent, Ordonnant que les Lettres Patentes de Novembre 1602. & Novembre 1663. & les Arrêts rendus en conséquence, seront exécutez selon leur forme & teneur, & maintiennent lesdits Seigne, le Gex & veuve Vannier, tous trois Suisses de Nation, dans l'Exemption des Droits & Taxes sur eux imposez, pour raison de leur trafic, & industrie, ensemble de logement de Gens de Guerre, Guet & Garde, Entrées sur les bestiaux & autres ; ces Arrêts sont des preuves certaines que tous les Suisses établis en France, tant ceux qui sont dans le service, que ceux qui n'y sont pas, & n'y ont jamais été, doivent joüir de tous les Privileges & Exemptions accordez à la Nation Suisse, par les Traitez & Lettres Patentes, puisque les trois Suisses nommez dans ces deux Arrêts, n'étoient & n'avoient jamais été dans le service.

MEMOIRE.

XXIV.

On s'eft fondé pour donner ce dernier Arrêt, fur la poffeffion dans laquelle étoient dans Nevers ces trois particuliers, d'être exempts de toutes Taxes, comme originaires Suiffes ; dans laquelle Exemption, Monfieur d'Ablege, ci-devant Intendant de Moulins, les avoit maintenus par quatre Ordonnances des deux Novembre 1703. premier Octobre 1704. vingt-fix Mars 1705. & huit Août 1707. dont la premiere fut par lui renduë en conféquence d'une Lettre qui lui fut écrite par Monfieur d'Armenonville, portant, que fi Seigne ne faifoit pas valoir de biens en fond, il ne devoit pas être impofé ; les Ordonnances furent rapportées, & font énoncées dans l'extrait fait par Monfieur le Couturier, que Monfeigneur renvoya à Monfieur de Bercy.

Ce font là tous les Titres que l'on a pû ramaffer, & dont on a connoiffance, fur lefquels font fondez les Privileges des Suiffes, pour l'Exemption des Impofitions ; refte à en faire l'application, pour faire à cet égard un Reglement général, qui leve tous les doutes au fujet de leurs Exemp-

RÉPONSE.

XXIV.

L'Auteur du Memoire pour éluder la conféquence infaillible que l'on peut tirer de ces deux Arrêts, fcavoir, que les Suiffes en général doivent joüir des Privileges & Exemptions accordez à la Nation, foit qu'ils foient dans le fervice, ou qu'ils n'y foient pas ; fuppofe que le dernier de ces Arrêts, n'eft fondé que fur la poffeffion dans laquelle étoient ces trois Suiffes établis à Nevers, de jouir des Exemptions accordées à leur Nation ; ce qui eft entiérement contraire à la vérité, puifque cet Arrêt a eu pour fondement les Traitez d'entre les deux Nations, les Lettres Patentes du Roy Henry IV. du mois de Novembre 1602. celles du Roy Louis XIV. de 1663. & les Arrêts rendus en conféquence, dont ce dernier ordonne l'exécution.

L'Auteur paroît fi fort pénétré de cette vérité, qu'il eft obligé d'avoüer que ces trois Suiffes avoient auparavant été confirmez & maintenus dans les Privileges accordez à la Nation par quatre Ordonnances de Monfieur d'Ablege, pour lors Intendant à Moulins, des deux Novembre 1703. premier Octobre 1704.

MEMOIRE.	RÉPONSE.

MEMOIRE.

tions, foit par rapport au Dixiéme, ou autres Impofitions.

RÉPONSE.

vingt-neuf Mars 1705. & huit
Août 1707. & que la première
de ces Ordonnances avoit été
renduë en conféquence d'une Lettre de Monfieur d'Armenonville,
portant, que fi ces Particuliers Suiffes ne faifoient point valoir de
biens en fond, ils ne devoient pas être impofez ; d'où il réfulte
deux conféquences inconteftables, l'une que ces Arrêts n'ont fait
que confirmer les Privileges accordez aux Suiffes par les Traitez &
les Lettres Patentes données en conféquence ; & la feconde, que
pour joüir des Privileges & Exemptions accordez aux Suiffes en
France ; il fuffit d'être de la Nation Suiffe, foit que l'on foit dans le
fervice, ou que l'on n'y foit pas.

---

*S U R tout ce qui vient d'être rapporté, l'Auteur
fait des Obfervations, qui font auffi peu juftes
& auffi mal fondées que fon Memoire, comme
on va le faire connoître par les Réponfes à ces
mêmes Obfervations.*

OBSERVATION.

RÉPONSE.

I.

I.

IL paroît d'abord important
d'obferver 1º. Que les Suiffes
n'ont point obtenu de Lettres
Patentes, portant confirmation
générale de leurs Privileges,
pendant le Regne du feu Roy.

CETTE premiere Obferva-
tion eft fauffe ; les Privileges des Suiffes ont été confirmez
du Regne du Roy Louis XIV.
par fes Lettres Patentes du mois
de Novembre 1663. & par tous
les Arrêts rendus en confé-
quence, dont l'Auteur du Mémoire a fait lui-même l'Analife
à fa fantaifie, & le plus fouvent contraire à la vérité.

OBSERVATION.	RÉPONSE.

II.

OBSERVATION

2°. Que l'on ne voit pas, qu'en conséquence des Arrêts du Conseil des 21. Août & 18. Septembre 1659. & 28. Fevrier 1660. il ait été rien décidé sur la réprésentation qui fut ordonnée être faite des Titres de la Nation Suisse ; ainsi Monseigneur est en état de faire ce Reglement, que la conjoncture rend necessaire, & que l'interêt même des Suisses semble demander.

RÉPONSE

S'il ne paroît pas qu'il ait été rien décidé au sujet des Privileges des Suisses, c'est que l'Auteur n'a pas voulu voir ni le Traité, ni les Lettres Patentes de 1663. non plus que tous les Arrêts du Conseil rendus en conséquence : ainsi le Reglement que l'on pourroit & devroit faire, seroit de laisser jouir les Suisses de leurs Privileges, & de les y maintenir pour faire cesser tous les troubles qui leur sont faits.

III.

OBSERVATION

Il faut distinguer dans les Lettres Patentes de Louis XI. du mois de Septembre 1481. qui font le Titre primordial des Privileges des Suisses, deux dispositions principales, qui ne regardent l'une & l'autre que les Suisses au service du Roy, & n'ont aucune application aux autres Suisses qui sont établis en France, & ne sont point au service.

Par la premiere, ce Prince permet à tous ceux de la Nation Suisse, qui étoient pour lors, ou seroient pour le tems avenir à son service, étant gagez & soldoyez, & qui s'étoient mariez

RÉPONSE

L'Auteur prétend que les Lettres Patentes de Louis XI. de 1481. font le Titre primordial des Privileges des Suisses en France ; mais l'on a déja fait voir que ces Lettres ne sont pas le premier fondement des Privileges des Suisses, puisque la liberté du commerce étoit établie dès le Regne de Charles VII.

L'on demeure d'accord que ces Lettres Patentes contiennent deux dispositions ; mais l'on ne convient pas qu'elles ne regardent que le Militaire ; elles regardent également les Suisses qui viendroient se marier & s'habituer

OBSERVATION.   RÉPONSE.

&habituez dans le Royaume, ou qui s'y marieroient & habituëroient dans la suite, d'y acquerir tous biens, meubles & immeubles, en disposer par Testament, Donation entre vifs, ou autrement; à leurs veuves, enfans & héritiers d'y succeder, apprehender leurs successions, comme s'ils étoient natifs du Royaume; à l'effet de quoy, ils font habilitez & autorisez, sans qu'ils puissent être tenus de payer aucune finance, ni indemnité pour raison de ce.

Il est certain qu'aux termes de ce premier Article, les Suisses étant au service, gagez & soldoyez du Roy, font naturalisez & regardez comme originaires François.

tuer dans le Royaume, qui font déclarez exempts de toutes Tailles & Impôts, Aydes & Subventions quelconques mis ou à mettre, & ainsi ces Lettres ne peuvent être regardées que comme des augmentations faites aux Privileges dont les Suisses jouïssoient déja en France.

Et quand il feroit vray, que ces Lettres Patentes n'auroient pour lors concerné que les Suisses dans le service, gagez & soldoyez, il ne s'ensuivroit pas que l'on doive aujourdhuy regarder les choses sur le pied qu'elles étoient en 1481. il faut descendre jusqu'aux Traitez de Loüis XII. 1503. & de François I. 1516. Article IX. qui font connoître que les Rois ont augmenté de tems en tems les Privileges des Suisses.

Il faut descendre aussi jusqu'aux Lettres Patentes d'Henry IV. qui confirment tous lesdits Privileges tant en faveur des Militaires, que de tous autres de la Nation Suisse; c'est une mauvaise conséquence de dire que du tems de Louis XI. il n'y avoit que les Suisses dans le service qui jouïssoient des Privileges; donc il n'y a qu'eux qui doivent en jouïr aujourd'huy: puisque par la suite il a plû aux Rois d'ordonner que tous ceux de la Nation Suisse en jouïront, il faut regarder les choses sur le pied qu'elles font aujourdhuy.

I V.   I V.

Par la seconde, Loüis XI. ordonne que lesdits Gens de Guerre

L'Observation que l'Auteur du Memoire fait sur cette secon-

OBSERVATION.

de la Nation Suiffe , qui demeuroient alors , & viendroient dans la fuite demeurer dans le Royaume , & qui feroient à fes gages & folde , feront leur vie durant , enfemble leurs veuves demeurant en viduité , francs , quittes & exempts de toutes Tailles & Impôts , Aydes & Subventions quelconques mis & à mettre dans le Royaume , foit pour entretien de Gens de Guerre ou autrement pour quelque caufe que ce foit , enfemble du Guet & Gardes des Portes.

Et par cette feconde difpofition il paroît que le Roy Loüis XI. a voulu que les Suiffes étant à fon fervice , foient regardez par rapport à ces Exemptions , fur le même pied que ceux de fes Sujets les plus qualifiez & les Privilegiez les plus confiderables ; en un mot , comme les Ecclefiaftiques , les Chevaliers de Malthe , Gentilshommes , Secretaires du Roy & autres , n'étant pas à préfumer qu'il ait entendu donner à ces Suiffes plus de Privileges en France , qu'aux plus qualifiez de fes Sujets.

RÉPONSE.

de difpofition des Lettres Patentes de Loüis XI. eft une véritable fuppofition , il veut donner plus de reftriction à l'intention de Loüis XI. en donnant ces Lettres Patentes , que ce Prince : il fuppofe qu'il paroît que ce Prince a voulu que les Suiffes par rapport à ces Exemptions , fuffent regardez fur le même pied que ceux de fes Sujets les plus qualifiez , n'étant pas , dit-il , à préfumer qu'il ait voulu donner aux Suiffes plus de Privileges qu'aux plus qualifiez de fes Sujets.

L'Auteur ne peut difconvenir que les Rois font les diftributeurs des graces : ils en accordent de fortes à des Etrangers par raifon d'Etat , ils en accordent de plus foibles à leurs Sujets ; ils le veulent ainfi , ils font les Maîtres , leurs volontez , ne reçoivent d'autres explications que leurs volontez mêmes , & il ne convient pas de vouloir donner un autre fens à la volonté du Souverain , que celui que les paroles prefentent.

V.

Toutes les Lettres Patentes de confirmation , qui ont été accor-

VI.

C'eft un paradoxe que de prétendre , que fuppofé que le Roy

OBSERVATION.

RÉPONSE.

dées de Regne en Regne depuis Loüis XI. n'ont rien changé à l'une ni à l'autre de ces difpofi- tions, & l'on peut dire que les Déclarations & les Arrêts parti- culiers qui ont été donnez en dif- ferens tems, & fur-tout pendant la minorité & les Guerres, n'ont pû valablement étendre ces Pri- vileges, lefquels paroiffent tou- jours devoir être reduits au ni- veau de ceux dont les Privilegiez les plus confiderables jouiroient fuivant l'ufage du Royaume.

Loüis XI. n'ait accordé des Pri- vileges & Exemptions qu'aux Suiffes qui feroient dans le fervi- ce, les Rois fes fucceffeurs n'ont pû les étendre à tous les Suiffes en général : les raifons d'Etat chan- gent fuivant les tems ; ce qui a été fait fous Loüis XI. en faveur des Suiffes, n'a pas été jugé fuffi- fant fous le Regne de fes Succef- feurs ; les fervices de la Nation Suiffe ont augmenté, il étoit jufte d'augmenter leurs Privileges.

C'eft par cette raifon que les Lettres patentes d'Henry IV. de Novembre 1602. portent non feulement que les Militaires Suiffes joüiront de tous les Privileges accordez à la Nation Suiffe, mais auffi *tous autres de ladite Nation* : outre que tous les Traitez y font entiérement conformes, ces Lettres ont été confirmées par celles de Loüis XIII. & par celles de Loüis XIV. c'eft donc une fuppofition de dire, que ces deux difpofitions des Lettres Patentes de Loüis XI. de 1481 n'ont reçû aucun changement ; & quand même elles n'au- roient été accordées qu'en faveur des Militaires, elles ont été aug- mentées par celles des Rois fes fucceffeurs ; & même le feu Roy Loüis XIV. par fon Arrêt du 18. Mars 1704. émané de fon propre mouvement, a confirmé à tous ceux de la Nation Suiffe *habituez dans le Royaume & qui viendront s'y habituer dans la fuite, tous les Pri- vileges & Exemptions,* accordez à la Nation, *fans pouvoir y être troublez fous quelques prétextes & en quelque maniere que ce foit ;* & Sa Majefté a fi bien reconnu que perfonne ne devoit ignorer ces Privileges, qu'elle a difpenfé *les Suiffes habituez dans le Royau- me & qui viendront s'y habituer dans la fuite, de faire enregiftrer au Greffe des Elections ni ailleurs les Titres de leurs Privileges & Exemp- tions, avec defenfes de les troubler dans la joüiffance d'iceux.*

Cet Arrêt a été rendu à l'occafion des Edits des mois de May 1702. & Janvier 1703. par lefquels Sa Majefté ordonnoit que

RÉPONSE.

tous ceux qui prétendoient joüir de quelques Privileges & Fxemptions , comme font celles des Tailles & autres Impofitions , du logement de Gens de Guerre , Uftanciles , Collectes , Tutelles & autres charges publiques , feroient tenus de faire enregiftrer aux Greffes des Elections de leurs refforts les Titres en vertu defquels ils prétendoient joüir defdits Privileges & Exemptions , finon & à faute de ce faire , Sa Majefté les déclare déchûs de tous Privileges , & veut qu'ils foient impofez aux Tailles & autres charges publiques.

Les Déclarations & les Arrêts particuliers ont pû valablement , l'on ne dit pas étendre , mais ordonner l'exécution des Traitez & Lettres Patentes qui accordent des Privileges aux Suiffes ; & il n'importe en quel tems ces Déclarations & ces Arrêts ayent été donnez.

Le Confeil ftatue toujours avec prudence , foit dans les minoritez , foit en tems de Guerre ; le même efprit anime le Confeil dans tous les tems : au furplus le raifonnement de l'Auteur eft une vraye fuppofition ; car enfin , Charles VII. en 1453. étoit-il mineur ? Louis XI. en 1481. étoit-il mineur ? Et pour ne pas parler de tous les Rois , François I. en 1516. étoit-il mineur ? étoit-il en Guerre ? ce Prince paffa le Traité en concluant la paix avec les Suiffes , qui a été fi inviolablement obfervée jufqu'à prefent. Henry IV. en 1602. étoit-il mineur ? étoit-il en Guerre ? il avoit conclu la Paix avec l'Efpagne dès l'année 1598. & avec le Duc de Savoye dès l'année 1601.

Louis XIV. en 1663. étoit-il mineur ? étoit-il en guerre ? il avoit conclu la paix avec l'Efpagne dès l'année 1659. enfin , étoit-il mineur en 1704. & 1710 ?

Après ce qui vient d'être remarqué , il fied bien à l'Auteur de prétendre que les Déclarations & les Arrêts particuliers qui ont été donnez en differens tems , & qu'il fuppofe contre la vérité avoir été rendus pendant les minoritez & les guerres , n'ont pû valablement étendre les privileges des Suiffes ; mais ces Déclarations & ces Arrêts particuliers n'ont point étendu ces privileges ; ils ont feulement ordonné que les Suiffes joüiroient de ceux énoncez dans les Traitez de paix & d'alliances , & dans les Lettres Patentes , qui n'ont été données qu'en connoiffance de caufe , & après mûre délibération.

REPONSE.

Quand l'Auteur du Memoire dit, que les Privileges des Suisses *paroissent toujours devoir être réduits au niveau de ceux dont les Privilegiez les plus considérables jouissent, suivant l'usage du Royaume;* l'on a déja répondu par avance à cette Objection : les Rois sont les maîtres des graces, ils peuvent en accorder de plus considerables aux étrangers qu'aux plus qualifiez de leurs Royaumes; cependant l'on ne peut mieux exprimer les causes de ces Privileges, qu'elles le sont dans les titres mêmes des Suisses.

<table>
<tr><td>

OBSERVATION.

VI.

Cela supposé, ce seroit donc un abus par rapport au premier Article, de prétendre par exemple, qu'un Suisse établi en France, qui n'est point au service du Roy, n'est pas sujet au Droit d'Aubaine, & que ses heritiers peuvent lui succeder quoi qu'il n'ait point obtenu de Lettres de naturalité.

</td><td>

RÉPONSE.

VI.

Autre ridiculité de la part de l'Auteur du Memoire : apparemment il n'a pas voulu lire les Traitez, ni les Lettres Patentes expédiées en conséquence, & il ne peut pas se mettre dans la tête qu'un Suisse est François, & qu'un François est Suisse à cet égard, puisque suivant les Traitez, les deux Nations n'en font qu'une par l'Intime union

</td></tr>
</table>

qui est entr'elles ; & ce n'est qu'en vertu de ces mêmes Traitez que les Genevois, comme alliez des Suisses, sont exempts du Droit d'Aubaine en France, & ne sont point sujets à la Capitation & au Dixiéme ; & que suivant les Lettres Patentes du Roy Henry IV. des mois de Janvier 1596. & Juin 1608. ils peuvent commercer & trafiquer en France de même que les Suisses, qui, si on suivoit l'idée de l'Auteur du Memoire, seroient moins considerez en France que les Hollandois & les Savoyards, qui ne sont pas sujets aux Droits d'Aubaine.

<table>
<tr><td>

VII.

Et par rapport au second Article, c'est aussi un abus considéra-

</td><td>

VII.

Cet abus n'est que chimerique, puisque les Rois qui con-

</td></tr>
</table>

OBSERVATION.

ble de faire jouir de l'Exemption des Tailles, Aydes, subsides & autres Impositions les Suisses établis en France, lesquels ne sont point au service, gages & solde du Roy.

VIII.

C'est encore un plus grand abus d'étendre ces Exemptions aux Suisses qui ne sont point au service & qui font commerce & trafic. Cette extention est contraire à tous les Reglemens, & si elle étoit tolérée, il s'ensuivroit d'un côté, que les Suisses auroient en France des Privileges bien plus considérables que les Ecclesiastiques, les Nobles, & les Secretaires du Roy, qui sont imposables, comme dérogeant, toutes les fois qu'ils font commerce; Privilege exorbitant, contraire au bon ordre & qu'il est certain que les Rois n'ont jamais eu intention d'accorder à la Nation. Les termes de trafic & industrie ne se trouvent employez ni dans les Lettres de Louis XI. ni dans celles d'aucuns de ses successeurs, qui d'ailleurs, ainsi qu'il a été ci-dessus observé, n'ont accordé des Privileges & Exemptions qu'aux Suisses de nation étant à leurs gages & solde.

RÉPONSE.

noissent mieux que personne leurs interêts & ceux de leurs sujets, l'ont voulu ainsi.

VIII.

Il est inutile de raisonner où la Loy est formelle : c'est une des conditions des capitulations, que tous les Suisses en general établis en France, & qui font commerce & trafic, jouissent des Privileges & Exemptions dont il s'agit, quoiqu'ils ne soient pas dans le service. Si cette extention est contraire à tous les Reglemens, les Rois qui font les Reglemens, ont le pouvoir d'y déroger quand ils le jugent à propos. L'on n'entre point dans l'examen des Privileges des Ecclesiastiques, des Nobles, ni des Secretaires du Roy; mais il est certain que les Suisses établis en France, soit dans le service ou non, peuvent y faire commerce & trafic sans être sujets à la Taille, ni aux autres Impositions. Telle est la disposition des Traitez, qui portent positivement : *les Sujets, Marchands, Bourgeois, Habitans, Pelerins, Messagers, Voyageurs, Ambassadeurs, Nobles & Roturiers, de quelqu'état, qualité, condition &*

dignité qu'ils soient, pourront librement, FRANCHEMENT ET QUITTEMENT,

RÉPONSE.

EN CORPS, BIENS ET MARCHANDISES, *demeurer, trafiquer, négo-cier, acheter, lever, vendre, debiter & commercer en France & dans toute l'étendüe du Royaume, de toutes fortes de marchandifes, fans aucune moleftation ni nouvelle impofition*. Ce qui renferme, 1°. Les Exemptions de tous les Droits & Impôts qui fe levent & per-çoivent fur les corps & fur les biens ; c'eft l'effet de ces mots : *Franchement & quittement, en corps & biens*, autrement appellez *perfonnels & réels*. 2°. Et la liberté du Commerce fans être fujets aux impofitions établies ou à établir fur les marchandifes, depuis le Traité de la Paix perpétuelle de 1516. Les Lettres Patentes données en conféquence, de tous ces Traitez, y font entierement conformes, comme il a déja été remarqué ailleurs. Ainfi tout le raifonnement de l'Auteur tombe de lui - même ; au furplus fi les Rois ont accordé aux Suiffes des Privileges plus confidérables que ceux des Nobles, & s'ils peuvent commercer & trafiquer fans être fujets aux Impofitions, telle a été la volonté des Rois pour récom-penfer une Nation, du fervice libre & volontaire qu'elle a bien voulu leur offrir, & pour les exciter à venir s'habituer en France, fans quoi ils n'y viendroient pas.

<table>
<tr><td>

OBSERVATION.

IX.

Il arriveroit encore que les Provinces les plus voifines de la Suiffe, comme le Lyonnois, la Franche-Comté & la generalité de Metz, dans lefquelles un très-grand nombre de Suiffes s'eft dé-ja établi, feroient bien - tôt peu-plées d'une infinité d'autres, lef-quels à la faveur de ces Exemp-tions, feroient feuls tout le com-merce & acquereroient des fonds fans être fujets à aucunes Impo-fitions, dont le fardeau acheveroit de ruiner les Habitans du Pays.

</td><td>

RÉPONSE.

IX.

L'Auteur ajoûte encore que fi cela avoit lieu, les Provinces les plus voifines de la Suiffe, com-me le Lyonnois, la Franche-Comté & la Generalité de Metz en fouffriroient un tort confidera-ble, parce que les Suiffes, fuivant leurs exagerations ordinaires, feroient feuls tout le commerce ; & que les avis de Mrs. le Guer-chois & de Saint Conteft y font conformes ; d'où il conclut qu'il faudroit reftraindre les Privileges des Suiffes dans de juftes bornes.

</td></tr>
</table>

OBSERVATION.   ## RÉPONSE.

Meſſieurs le Guerchois & de Saint Conteſt s'en ſont expliquez de cette maniere, par les avis qu'ils ont envoyez à Monſeigneur les 31. May & 16 Juin derniers ſur les Requêtes préſentées par pluſieurs Suiſſes établis dans ces deux provinces.

Les Souverains qui font tout pour le bien de leurs Etats & de leurs ſujets, s'en ſont expliquez autrement & mieux que l'Auteur du Mémoire ; le Roy Henry III. par le Traité conclu le jour de la Madelaine en 1582. déclare au contraire que les Peuples de part- & d'autre ont trouvé *un avantage conſiderable dans cette liberté de Commerce par rapport au voiſinage & proximité des pays dont la France & les Cantons ont beaucoup profité.* Louis XI. François I. Henry IV. & tous les Rois par leurs Lettres Patentes déclarent auſſi que c'eſt *au bien, profit & augmentation de nous, notredit Royaume & de la choſe publique d'iceluy,* que les Suiſſes viennent demeurer en France.

D'ailleurs quand le nombre des Suiſſes dans ces Provinces ſeroit auſſi grand que l'Auteur le ſuppoſe, la multiplicité des habitans fait la force & la richeſſe de l'Etat, ſoit par le Commerce, ſoit par les Arts ou autrement ; au ſurplus ce que ces Suiſſes reçoivent d'une main par leur induſtrie, ils le rendent de l'autre par les differens beſoins de la vie & du vêtement, ce qui fait que les habitans y trouvent leur avantage.

X.   ### X.

Il paroît donc indiſpenſable, indépendemment de la queſtion du Dixiéme, de reſtraindre les Privileges & Exemptions des Suiſſes dans de juſtes bornes ; & à cet effet, de confirmer par une Déclaration du Roy les Privileges accordez par Louis XI. & ſes ſucceſſeurs, leſquels conſiſteront,

Le réſultat de toutes ces obſervations ſe termine comme on le voit, à propoſer un Reglement pour reſtraindre les Privileges & Exemptions des Suiſſes ; c'eſt-à-dire, que l'on propoſe de donner atteinte aux Traitez d'Alliance paſſez entre la France & la République des Suiſſes, qui a toujours crû que ſon attachement

auroit plûtôt merité une augmentation qu'une reſtriction, qui feroit une véritable ſuppreſſion, ſi le projet étoit ſuivi.

OBSERVATION.

OBSERVATION.	RÉPONSE.

1º. Dans l'Exemption du Droit d'Aubaine, c'est-à-dire, dans la faculté d'acquerir & posseder toutes sortes de Biens en France & en disposer, ensorte que leurs enfans puissent leur succeder sans payer aucune finance, ni indemnité conformément au premier Article des Lettres Patentes de Louis XI.

1º. L'Auteur du Memoire veut bien accorder l'Exemption du Droit d'Aubaine; mais il veut la réduire aux seuls Suisses qui sont dans le service aux gages & solde du Roy, & aux seuls enfans de ces Suisses conformément, dit-il, au premier Article des Lettres Patentes de Louis XI. Mais il ne fait pas attention que ces Lettres Patentes portent enfans & héritiers; il veut oublier que le Traité de François I. les Lettres Patentes d'Henry IV. celles de Louis XIII. & de Louis XIV. accordent cette Exemption à tous ceux de la Nation Suisse en général.

Mais, ce même Auteur, a-t-il bien pensé au ridicule de sa proposition, & ne devoit-il pas faire attention que l'Exemption du Droit d'Aubaine est de telle nature qu'il ne s'accorde jamais qu'à toute une Nation en général, & que la vouloir restraindre à l'égard des Suisses à ceux seulement qui seront dans le service, c'est avilir cette fidelle Nation & si attachée à la France depuis près de 300. ans, & la rendre de pire condition, que les Hollandois & les Savoyards, dont ces Nations généralement & sans aucune difference ni distinction de sujets, sont exemptes du Droit d'Aubaine, & qui bien loin de servir dans les Armées de France ont presque toujours pris le parti de ses ennemis, au-lieu que les Suisses ont sans interruption répandu leur sang pour son service.

2º. Dans l'Exemption de toutes Tailles Ustanciles & autres Impositions, ensemble des Droits d'Aydes conformément au second Article

2º. Les Exemptions proposées par ce second Article doivent avoir la même étenduë que celle d'Aubaine, elles sont fondées sur les mêmes Traitez & Lettres Patentes qui les accordent à toute la Nation en général, sans aucune distinction d'Officiers, Soldats, Marchands ou Bourgeois.

G

OBSERVATION.   RÉPONSE.

3° Quant au trafic & induſtrie des Suiſſes étant aux gages & ſolde, bien que les Lettres Patentes n'en diſent rien nommément ; cependant, peut - être Monſeigneur trouvera-t-il juſte, attendu la faveur du ſervice actuel, & pour entrer en quelque ſorte à cet égard dans l'eſprit & les motifs des Lettres de Louis XI. qui a été de donner à ces Suiſſes les moyens de vivre & s'entretenir plus honnêtement, & ne pas s'écarter tout-à-fait de la diſpoſition des Arrêts qui ont été rendus depuis l'année 1663. d'ordonner que les Cent Suiſſes de la Garde du Roy & de Monſieur le Duc d'Orleans ſeulement, & leurs veuves demeurant en viduité, ne pourront être impoſez à la Taille pour raiſon de leur commerce, trafic & induſtrie ; & ce outre & pardeſſus la quantité de Vins de Privilege des 13. Suiſſes du Roy, & 9. de Monſieur le Duc d'Orleans, réglée par l'Ordonnance des Aydes.

3°. L'Auteur dit, que pour ne pas s'écarter tout-à-fait de l'eſprit des Lettres de Louis XI. & des Arrêts poſterieurement rendus, que les cent Suiſſes de la Garde du Roy & ceux de Monſieur le Duc d'Orleans ſeulement, & leurs veuves demeurant en viduité, ne ſeront point impoſés à la Taille pour raiſon de leur commerce, trafic & induſtrie ; ſi cela avoit lieu, il s'en ſuivroit que les Suiſſes du Regiment des Gardes ſeroient ſujets à la Taille & à toutes les Impoſitions que les Nationaux payent, propoſition ridicule & contraire à la vérité ; car il a été demontré cy-devant plus clair que le jour, que tous les Suiſſes établis en France, ſoit dans le ſervice ou non, peuvent commercer & trafiquer librement en France, ſans pouvoir être impoſez à la Taille ni à aucune taxe, pour raiſon de leur trafic, commerce & induſtrie ; & l'on peut dire avec vérité que l'Auteur du Memoire, en parlant comme il fait, a voulu déguiſer la vérité à Sa Majeſté, à ſon Conſeil & à ſes Miniſtres.

4°. Aſſujettir nommément les autres Suiſſes étant au ſervice & ſolde, à la Taille & à

4°. Cette propoſition eſt contraire aux Traitez de Charles VII. même au ſecond Article des

OBSERVATION.

RÉPONSE.

toutes les Impofitions, lorfqu'ils feront commerce ou trafic.

Lettres Patentes de Louis XI. & à tous les Traitez des Rois fes Succeffeurs jufqu'à prefent, aux Lettres Patentes & Arrêts don- nez en conféquence.

5º. Ordonner que tous les Suiffes établis en France, & qui ne font point au fervice, n'y pourront jouir d'aucun Privilege & Exemption ; mais, qu'ils fe- ront impofez comme les autres fujets du Roy.

Ces Maximes ainfi établies le- veront toutes difficultez, foit pour le Dixiéme, foit pour la Capitation à l'égard de laquelle on ne fçait point ce qui a été fait, cette efpece d'Impofition étant du département de Monfieur le Pelletier des Forts. (a)

5º. L'on a répondu à cette derniere Obfervation fur les Ar- ticles précedens ; l'on ajoûtera que ce feroit vouloir chaffer tous les Suiffes du Royaume , où ils ne fe font établis qu'à la faveur des Privileges & Exemptions qui leur ont été accordez , & dont les François jouiffent récipro- quement en Suiffe.

(a) Il faut que l'Auteur foit bien peu inftruit de ce qui fe paffe au fujet de la Capitation, s'il ne fçait pas que les Suiffes, non plus que les Genevois, ne la payent pas.

Monfieur le Marquis de Cour- tanvaux a donné un Memoire par lequel il prétend que les Suiffes doivent être confiderez en deux manieres.

1º. Comme étant à la folde du Roy.

2º. Comme habituez dans le Royaume , y faifant commerce comme les François.

Qu'il eft vray que l'on a diffe- remment interprêté en differens tems les Lettres Patentes de

Pour appuyer ce beau Re- glement, l'Auteur rapporte un Memoire qu'il dit être de Mon- fieur le Marquis de Courtan- vaux, mais comme ce Memoire ne peut regarder que les Cent Suiffes, que d'ailleurs il n'eft pas jufte, il ne peut produire aucun effet pour le général de la Na- tion Suiffe, ni même préjudicier aux Cent Suiffes : mais fi on peut juger par le peu qui en eft rapporté, ce Memoire eft faux

OBSERVATION.

RÉPONSE.

Louis XI. & des Rois ſes ſucceſ-ſeurs, mais que l'eſprit & les termes de toutes ces Lettres font clairement connoître que ces Exemptions n'ont été accordées que pour attirer les Suiſſes aux gages & ſolde du Roy, & les engager à ſe marier en France.

dans ſes principes & dans ſes conſéquences ; car jamais on n'a interprêté différemment & en différens tems les Lettres Patentes de Louis X I. & de ſes ſucceſſenrs : elles ſont trop préciſes pour avoir beſoin d'interprétation , & on vient d'établir que les Suiſſes ont été maintenus dans

ſeurs Privileges & Exemptions tout autant de fois qu'on a voulu les y troubler.

XI.

XI.

Que faute d'approfondir & d'entrer dans ces motifs, on eſt tombé à cet égard dans pluſieurs abus , & qu'à la faveur des minoritez & des Guerres civiles, les Cent Suiſſes & les Regimens ont obtenu pluſieurs Arrêts particuliers qui cauſent un très-grand préjudice aux Droits & Revenus de Sa Majeſté ſoit pour les Aydes & les Tailles , ou pour les autres Subſides & Impoſitions.

Plus l'on approfondit les Traitez & les Lettres Patentes, plus l'on reconnoît que l'Auteur du Mémoire s'abuſe lui-même : tout ſon raiſonnement a déja été détruit d'avance par les réponſes ſur les Ve. & IXe. Articles de ſes Obſervations , où l'on a prouvé que. lors des conceſſions de ces Privileges aux Suiſſes , les Rois n'étoient ni en minorité , ni en Guerre , & que ces Privileges ne cauſent aucun préjudice au Roy , ni à ſes ſujets : d'ailleurs les Traitez & les Lettres Patentes ordonnent que les Suiſſes en jouiront , ſoit en tems de Paix , ſoit en tems de Guerre , à peine contre les contrevenans de tous dépens, dommages & interêts , & de punition corporelle , ſi elle y écheoit ; & bien loin qu'à la faveur des Guerres Civiles , les

Il dit à ce ſujet que Louis XIII. voulant réformer cet abus , réduiſir les Privileges de la Compagnie des Cent Suiſſes de ſa Garde , au nombre de quatorze , & ceux de la Garde de Monſieur le Duc d'Orleans à ſix ; qu'il accorda aux Compagnies du Regiment aux Gardes Suiſſes logées à Paris, au lieu d'une eſpece de

| OBSERVATION. | RÉPONSE. |

Quintine, une certaine somme par an , ce qui subsista jusqu'à la mort de Louis XIII.

Que pendant la minorité du Roy , les Suisses ayant prétendu continuer leur commerce , sans rien payer ; il fut ordonné par un Arrêt du Conseil de l'année 1658. qu'aucun Suisse de la Compagnie ne pourroit vendre du vin sans payer les Droits de Gros, & autres mis sur les vins , à l'exception des quatorze Privilegiez.

Suisses ayent obtenu des augmentations de leurs Privileges , au contraire ils ont été troublez dans la jouissance d'iceux , ainsi que le marquent les Lettres Patentes de Louis XIII de 1622. dont voici les termes : *De tous lesquels Privileges , Franchises & Exemptions, les Suisses ont toujours depuis ledit tems, (c'est à dire, depuis 1516.) joüi paisiblement , jusqu'à ce qu'à l'occasion des troubles qui ont eu cours en cettuy notre Royaume , toutes choses ont été renversées & exposées à la mercy des hommes & des armes , tous Droits & Privileges par même moyen violez & alterez , &c.* & d'autant que sous couleur de cette non joüissance & des Impositions mises sur plusieurs Marchandises avec nos Ordonnances, l'on pourroit prétendre lesdits Marchands Suisses déchus de leursdits Privileges , & par consequent contribuables & obligez au payement desdits Droits & Impositions. Sa Majesté ordonne la confirmation de tous ces Privileges, & que les Suisses en joüiront *pleinement & paisiblement , & nonobstant la discontinuation de joüissance.*

Après cela , que deviendra le raisonnement de l'Auteur du Memoire ?

XII.

Que pour mettre les Suisses en état de vivre plus aisément le Roy leur accorda à chacun quatre sols par jour à prendre sur les Aydes , dont une certaine somme fut donnée au Capitaine pour le dédommager de la vente de ses Charges, attendu la réduction du Privilege ; & qu'à l'égard des Suisses de Monsieur le Duc d'Orleans , il réduisit leurs Privileges au nombre de six,& ordonna sur les Aydes une somme de 3000 livres par an, pour dédommager le Capitaine.

XII.

La Reponse faite sur l'Article X. du Memoire suffit ici , le Lecteur pourra y avoir recours.

OBSERVATION.   *RÉPONSE.*

XIII.   XIII.

Que lors du renouvellement d'Alliance avec les Cantons en l'année 1663. les Cent Suisses ayant tenté de revenir contre l'Arrêt de 1658. les Députez répondirent, qu'ils soûtiendroient les Privileges des Gens de Guerre, & non pas des Vivandiers.

Quoique cet Article ne mérite aucune réponse, cependant pour faire voir la supposition de l'Auteur, l'on observera que les Députez des Cantons, avant de s'en retourner dans leurs Pays, demanderent & obtinrent la confirmation de tous les Privileges accordez non seulement aux Gens de Guerre, mais à tous ceux de la Nation en général, de la maniere qu'ils avoient été concedez & confirmez par le Roy Henry IV. en 1602. ce que Sa Majesté le Roy Louis XIV. promit d'observer de point en point par serment en l'année 1663.

XIV.   XIV.

Sur tout Monsieur de Courtanvaux estime que les Cent Suisses, le Regiment des Gardes Suisses, en un mot les Suisses étant au service & solde du Roy, doivent être exempts tant qu'ils seront dans le service, & leurs femmes demeurant en viduité, de toutes Tailles & Impositions mises & à mettre, des Droits d'Aydes pour les vins de leur crû, ou celui de leurs femmes seulement; qu'ils doivent aussi être exempts des Droits d'Aubaine & sujets à Justice, aussi bien que leurs femmes & leurs enfans, tant qu'ils seront dans le service.

Qu'il est juste aussi de leur

L'on convient en partie de cet Article; mais, non pas que les Suisses doivent seulement être exempts des Droits d'Aydes pour le vin de leur crû : l'Auteur parleroit plus juste s'il disoit pour le vin de leur usage ; car ceux qui n'en n'ont point de leur crû, ne pourroient donc pas selon lui, jouir de cette Exemption ? Au reste l'on a prouvé ci-devant que tous les Suisses doivent jouir de ces Privileges, aussi bien ceux qui sont ou ont été dans le service, que *tous les autres de quelque qualité & condition qu'ils puissent être.*

Il paroît même par le Mé-

permettre toutes fortes de trafic & induftrie pour les ayder à vivre conformément à un Arrêt donné du tems de M. de Chombert General des Suiffes, en faveur d'un Sergent de la Generale, qui faifoit commerce de vin à Vaugirard, depuis à deux autres Arrêts du Confeil rendus pour deux Cent Suiffes qui avoient été mis à la Taille au même lieu, & encore en dernier lieu en faveur de deux autres Cent Suiffes demeurant au Roulle.

moire attribué à M. le Marquis de Courtanvaux, qu'il s'embarraffoit peu que l'on donnât atteinte aux Traitez d'alliance ; il ne paroît pas s'intereffer pour la Nation en general, dont il n'étoit pas ; il ne parle que de ce qui pouvoit concerner les Cent Suiffes dont il étoit le Capitaine, & l'on peut dire que les interêts de la Nation n'auroient pas été trop bien entre fes mains. Il eft à préfumer ou qu'il étoit peu inftruit de fes droits, ou que s'il a veritablement dónné un pareil Me-

moire, il n'en a pas affez approfondi le faux & les conféquences : il n'avoit point de procuration de la Nation, & fa charge de Capitaine des cent Suiffes ne lui donnoit aucun pouvoir de trancher comme il fait, fur fes Privileges, Droit qui n'appartiendroit qu'aux Souverains, s'il leur plaifoit d'y déroger ; ainfi le Memoire de M. le Marquis de Courtanvaux, dont l'Auteur du Memoire a voulu faire un fi grand ufage contre les Suiffes, n'a & ne doit pas avoir plus d'autorité que le fentiment d'un fimple particulier qui propofe fes idées fans réflexion & fans miffion ; & ce n'eft pas à un Officier particulier à mettre en compromis les Droits d'une Nation qui font certains & établis par des Traitez généraux d'Alliance, dont les conventions ont une telle liaifon, que l'on ne peut donner atteinte aux unes, fans détruire les autres

XV.

Quant aux Droits d'Aydes, Monfieur de Courtanvaux croit qu'ils les doivent payer, même le Gros & tous les autres Droits fur le vin qu'ils vendront comme

XV.

Ce que l'on a dit fur l'Article X. du Memoire, fuffit pour répondre à celui-cy.

Si ces Cent Suiffes & ces Compagnies ont tranfigé du Privilege

Cabaretiers, attendu que Sa Majesté les a suffisamment dédommagez par l'augmentation de leur paye, & les sommes que le Roy donne aux Compagnies qui sont à Paris, au lieu des Quantines qui y étoient autrefois.

de l'Exemption des Droits d'Aydes, ce sont leurs affaires, cela les regàrde uniquement ; mais ne peut préjudicier aucunement à ceux qui n'en n'ont pas transigé, par ceque chacun est libre de ses droits.

XVI.

Il ajoûte que les Suisses qui étoient dans l'usage de payer les Droits sur le vin, ont refusé de le faire depuis le mois dernier, sous prétexte de l'Arrêt donné en faveur des Suisses de Nevers, dont l'un étoit Cabaretier.

XVI.

Ces Suisses avoient raison ; s'ils n'avoient pas transigé de leurs Exemptions, & n'avoient point été dédommagez, comme les Cent Suisses.

XVII.

A l'égard des autres Suisses établis en France, Monsieur de Courtanvaux estime que l'on ne peut leur refuser l'Exemption du Droit d'Aubaine, cela s'étant, à ce qu'il prétend, toûjours pratiqué jusqu'à présent, & ne pouvant servir qu'à en attirer davantage ; mais que l'Exemption des autres Droits & Impositions, seroit trop à charge aux Sujets du Roy. Ainsi les Lettres Patentes & les Arrêts donnez en faveur des Suisses, ne regardant que ceux qui sont au service & à la solde du Roy, & les autres

XVII.

Si l'avis de Monsieur de Courtanvaux, à l'égard de l'Exemption du Droit d'Aubaine, est juste, il ne l'est pas à l'égard de ce qu'il prétend que les Lettres Patentes & les Arrêts donnez en faveur des Suisses, ne regardent que ceux qui sont au service du Roy, & que les autres Suisses ne sont pas même avouez des Cantons ; l'on a déja prouvé en plusieurs endroits de ces réponses, tant par les Traitez que par les Lettres Patentes & Arrêts, que ces Privileges & Exemptions sont accordez indifféremment à

OBSERVATION.

OBSERVATION.　　# RÉPONSE.

n'étant pas même avouez des Cantons, il croit qu'ils doivent être fujets à la Taille, à la Capitation, au Dixiéme & généralement à toutes les Impofitions qui fe levent dans le Royaume.

tous les Suiffes *de quelqu'état & condition qu'ils foient* ; au furplus ceux qui ne font pas dans le fervice, ne font pas moins avouez de leurs Cantons que les Militaires, puifque les uns comme les autres ne peuvent fortir de leur Pays que de l'agrément & avec la permiffion de leurs Souverains, à peine d'encourir leur indignation & la confifcation de leurs biens.

L'on obfervera deplus que puifque M. de Courtanvaux demeure d'accord que tous les Suiffes en général doivent jouir de l'Exemption du Droit d'Aubaine, ils doivent jouir auffi de toutes les autres Exemptions, puifque les unes & les autres font fondées fur les mêmes Titres.

XVIII.　　## XVIII.

Monfieur Aunillon, premier Préfident en l'Election de Paris, qui a auffi été confulté fur les Privileges des Suiffes, eftime que leurs Privileges ne méritent pas plus d'extention ni plus de faveur que ceux dont les Ecclefiaftiques, Nobles & autres Privilegiez jouiffent en France ; enforte que comme le trafic & commerce de la part de ceux · cy, emporte dérogeance, & les rend fujets à toutes les Impofitions, un Suiffe qui fait commerce, doit être traité de la même maniere, comme dérogeant ; que l'on ne pourroit en ufer autrement, fans contrevenir à tous les

L'Avis du fieur Aunillon, Préfident de l'Election de Paris, mérite encore moins d'attention, que le Memoire de Monfieur de Courtanvaux; il peut bien rencontrer jufte, quant aux maximes générales qui peuvent avoir lieu dans le Royaume, & qui ont rapport aux affaires qui fe traitent à l'Election : quant aux affaires d'Etat, qui ne peuvent être décidées que par le Confeil feul, & par des motifs bien differens, cela n'eft pas de fa compétance. D'ailleurs, fon Avis eft abfolument détruit par tout ce qui a été dit ci-devant, & par ce que l'on va répondre fur chacun

OBSERVATION.

Reglemens , & nommément à l'Article XI. de l'Edit du mois de Janvier 1634. qui n'a maintenu les Cent Suiſſes dans l'Exemption des Tailles , qu'à condition qu'ils ne feroient aucun trafic de Marchandiſes,& qu'ils ne tiendroient point de Fermes d'autruy.

car s'il eût jetté les yeux deſſus , *Nobles ou Roturiers , de quelqu'état & dignité qu'ils ſoient, pourront trafiquer & commercer dans toute l'étenduë du Royaume , ſans payer aucuns Peages ni Impoſitions.* Par conſéquent ils ne dérogent point , puiſque les Rois l'ont voulu ainſi ; ainſi ce premier Article tombe de lui même.

XIX

Il obſerve que ſuivant les Lettres Patentes de Louis XII. & par les confirmations de tous les Rois ſes ſucceſſeurs , les Privileges n'ont été accordez qu'aux Suiſſes étant au ſervice , gages & ſolde , & à leurs veuves demeurant en viduité,& ne permettent point aux Suiſſes de faire commerce.

XX.

Qu'outre que les deux Arrêts du Conſeil du 21. Août & 18. Septembre 1657. ne font non plus aucune mention du commerce , ces Arrêts n'ont d'ailleurs prononcé qu'une ſimple

RÉPONSE.

des Articles de ſon Avis.

Sur le premier l'on peut dire qu'il renferme une vraye ſuppoſition : la preuve s'en tire des Traitez dont les extraits ſont rapportez à la tête de ce Memoire ; apparemment que le ſieur Aunillon , non plus que l'Auteur du Mémoire, ne les a pas conſultez , il y auroit lu que les Suiſſes, Nobles ou Roturiers , de quelqu'état & dignité qu'ils ſoient, pourront trafiquer & commercer dans toute l'étenduë du Royaume , ſans payer aucuns Peages ni Impoſitions. Par conſéquent ils ne dérogent point , puiſque les Rois l'ont voulu ainſi ; ainſi ce premier Article tombe de lui même.

XIX

Autre ſuppoſition : il ne faut que voir le Traité de Louis XII. pour en être convaincu ; l'extrait en eſt auſſi rapporté cy-devant. Il paroît qu'il a entendu parler des Lettres Patentes de Louis XI. & non de celles de Louis XII. mais les confirmations des Rois ſes ſucceſſeurs , de même que les Traitez , prouvent que les Suiſſes peuvent commercer en France.

XX.

La proviſion que ces Arrêts prononcent en faveur des Suiſſes , doit toûjours ſubſiſter juſqu'à ce qu'il y ait une déciſion contraire ; & puiſque le ſieur Aunillon ſuppoſe une litiſpen-

OBSERVATION.   *RÉPONSE.*

proviſion, en ſuppoſant une litiſ-pendance au Conſeil ſur la repré-ſentation qui y devoit être faite des Titres des Suiſſes leſquels en effet n'ont point été rapportez, & ſur le vû deſquels on n'a jamais ſtatué diffinitivement, en ſorte qu'il eſt vray de dire que cette Inſtance eſt encore pendante au Conſeil.

dance, les Suiſſes ayant pour eux la proviſion, il faut ſuivre la regle générale , *qui tenet tenet, poſ-ſeſſio valet :* où rapporter une dé-ciſion contraire. Au ſurplus on a répondu à cet Article ſur le XVIIme. Article , & la IIme. Ob-ſervation du Memoire ; le Lec-teur peut y avoir recours.

XXI.   XXI.

Que c'eſt néanmoins ſur le fondement de cette ſimple pro-viſion , qu'il a depuis été rendu pluſieurs Arrêts qui ont indû-ment autoriſé le commerce & le trafic des Suiſſes ; ce qui eſt également contraire à l'uſage qui ſe pratique dans le Royaume , & aux Titres mêmes des Suiſſes.

Ce n'eſt nullement ſur le fon-dement de cette proviſion qu'il a été rendu pluſieurs Arrêts qui autoriſent le commerce & le tra-fic des Suiſſes ; ils ont été rendus comme la proviſion même, ſur le fondement de tous les Traitez & Lettres Patentes données en conſéquence, dont ces Arrêts ordonnent l'exécution , & par

leſquels le commerce des Suiſſes eſt ſi ſolidement établi en France depuis près de trois ſiécles, que l'on ne peut raiſonnablement le leur conteſter : & il eſt extraordinaire de voir le Préſident d'une Election critiquer les Arrêts du Conſeil, en diſant qu'ils ont *indû-ment autoriſé le commerce & le trafic des Suiſſes.*

XXII.   XXII.

Qu'au ſurplus quand les Suiſſes auroient la liberté de vendre du vin ce qui ne pourroit être que celui de leur crû, & non pas celui d'achat , encore ne devroient-ils vendre le vin du crû qu'à huys coupez & pots renverſez,

Peut-on raiſonner ſi pitoya-blement ? Car enfin un Suiſſe dira : il m'eſt permis par tous les Traitez d'entre la France & ma Nation de *faire commerce, acheter, lever, vendre, débiter, trafiquer & negocier toutes ſortes*

OBSERVATION.	REPONSE.

& non pas à pots & affiettes.

de marchandifes en France ; je n'ay point de vin de mon crû, duquel je puiffe faire commerce, mais fur la foy des Traites, j'ay acheté du vin & je le vends.

XXIII.

Il ajoûte que cet abus caufe un préjudice infini, non feulement au recouvrement de la Taille, mais encore au commerce particulier des autres habitans des Paroiffes.

XXIII.

Ce raifonnement fe trouve détruit pas ce qui a été dit fur la XIᵐᵉ. Obfervation du Memoire.

XXIV.

Que l'induë Exemption de Tailles des Suiffes leur donne la facilité d'époufer toutes les veuves qui ont quelques biens, dans les Villages où ils font enfuite Cabaret ; enforte que fi Monfeigneur n'a la bonté d'y mettre ordre, les Suiffes d'un côté, les Privilegiez de l'autre, & les Seigneurs qui cachent les exploitations de leurs Fermes, fous la fauffe qualité de domeftiques qu'ils donnent à leurs véritables Fermiers, acheveront de ruiner abfolument le recouvrement de la Taille.

XXIV.

Les Suiffes n'époufent pas toutes les veuves qui ont quelques biens, car qui dit tout n'excepte rien ; mais ils n'époufent pas feulement quelques veuves, ils ont affez de goût pour époufer auffi des filles, qui agréent leur recherche auffi bien que les veuves. Au refte fi le fieur Aunillon veut qu'on lui réponde, il n'a qu'à s'expliquer mieux qu'il ne fait fur la fin de fon Memoire ; & fi les Sujets du Roy fraudent le recouvrement de la Taille, les Suiffes n'en font point refponfables, & ils n'empêchent pas que l'on remedie à tous les abus qui fe peuvent commettre.

Ce pretexte n'eft pas fuffifant pour priver les Suiffes d'un Privilege qui leur appartient, & qu'ils pourroient dire que la Nation a bien mérité.

PEUT-ETRE objectera-on le projet ou le Traité du 9. May 1715. Mais outre qu'il n'a pas été ratifié, ni accepté par tous les Cantons, c'est que l'Article II. porte ; que les Traitez ci devant conclus seront regardez comme le fondement de celui-là, & que L'on confirme & ratifie de nouveau tous les Traitez faits auparavant, nommément la Paix perpetuelle (c'est le Traité de 1516.) les alliances des années 1521, & 1663. & toutes les Lettres annexes.

L'Article III. porte, que cette précaution a pour objet de faire subsister les choses dans la même force & dans la même vigueur qu'elles subsistoient au tems de ce projet, auquel tems les Suisses étoient en possession de la jouissance de leurs Franchises & étoient exempts de toutes Impositions mises & à mettre, ce qui est prouvé par plusieurs Arrêts du Conseil, notamment ceux de 1704. 1705. & 1710. & même de la Cour de Parlement du 9 Fevrier 1715.

L'Article XXIV. porte que les Suisses seront regnicoles & exempts du Droit d'Aubaine dans les Royaume & Etats de l'obéissance du Roy ; qu'ils pourront acquerir comme les Nationaux ; que s'ils ont quelque métier ou profession, ils pourront l'exercer en toute liberté ; qu'ils jouïront aussi de l'Exemption du Droit de Foraine pour les effets des successions de ceux de leur Nation décédez en France.

Quant aux Suisses qui servent actuellement dans les Troupes de Sa Majesté, à ses gages & solde, & ceux qui y auront été & servi trois années consécutives, ils seront exempts de toutes charges, & n'en supporteront d'autres que celles qui sont attachées à la nature des biens qu'ils pourront acquerir, comme les Nationaux dans les Royaume & Etats de l'obéissance du Roy ; *jouïssant au surplus de tous les Privileges & Exemptions qui leur ont été accordez par les Rois prédécesseurs de Sa Majesté, & par Elle, en vertu des Traitez de Paix & d'Alliance.*

L'Article XXV. définit les Privileges dont les François peuvent jouïr en Suisse, & rappelle l'Article XX. du Traité de 1663. qui est réciproque entre les deux Nations, & qui confirme les Privileges à tous, sans distinction de Soldats, Sujets, Bourgeois ou Marchands.

Enfin l'Article XXVI. prouve qu'il suffit d'être de la Nation Suisse, pour jouïr de tous les Privileges énoncez dans les anciens Traitez ; en voici les termes :

Jouïront ceux de la Nation Suisse, sur le fait de leur commerce dans le Royaume, de tous les Privileges qui leur ont été accordez par les Rois prédécesseurs de Sa Majesté, & par Elle, ainsiqu'ils sont énoncez dans les Traitez de Paix & d'Alliance, & qu'ils en ont dû jouir en conséquence desdits Traitez : dans lesquels Privileges, Sa Majesté les confirme de nouveau, & veut qu'ils soient confirmez & maintenus sans aucun trouble, ni empêchement, &c.

Peut-être que l'on objectera encore qu'il a été rendu plusieurs Arrêts contre differens particuliers Suisses, qui en quelque maniere paroissent donner atteinte aux Privileges accordez à la Nation. L'on répond que ces prétendus Arrêts souvent rendus sur Requête & sur de faux exposez, & à la sollicitation des Fermiers & Sous-Fermiers, & contre des particuliers que par des saisies & ventes de meubles, ils ont mis hors d'état de se défendre, sont attentatoires aux Traitez conclus entre les deux Nations, l'une des Parties ne pouvant donner atteinte à ce qui a été convenu entre les deux Puissances par des Traitez solemnels, sans le consentement de l'autre, puisqu'il est des principes du Droit public, que les décisions qu'une des Parties contractantes pourroit porter sur des faits particuliers, rélatifs aux Articles stipulez, ne peuvent être valables si elles sont au desavantage de l'autre ; & au contraire, si elles lui sont favorables, elles doivent tenir lieu d'explication au Traité : d'où il s'ensuit que les Suisses en general peuvent & doivent jouir en France de tous les Privileges, Franchises & Exemptions qui leur ont été accordez par les anciens Traitez, ausquels il faut toujours avoir recours de part & d'autre. Ces Privileges sont :

1°. De pouvoir exercer en France tels Commerces, Arts, Métiers ou Marchandises qu'ils aviseront, sans être sujets à la Maîtrise, ni à aucunes Taxes, Subsides, Gabelles ou autres Impositions, pour raison de ce.

2°. D'êtres exempts de Ponts & Péages pour toutes les Marchandises qu'ils feront entrer dans le Royaume, ou qu'ils en feront sortir.

3°. D'être censez Regnicoles : comme tels, ils sont exempts du Droit d'Aubaine, ils peuvent acquerir toutes natures de biens, meubles & immeubles, posseder, & heriter en France ; leurs femmes, enfans & heritiers peuvent leur succeder par Testament ou sans Testament, sans pour ce payer aucune finance, ni indemnité.

4°. D'être francs, quittes & exempts de toutes Tailles, Impôts, Aydes & Subventions quelconques, mis & à mettre dans le Royaume, pour quelque cause, sous quelque prétexte que ce soit & quelque nom que l'on puisse leur donner, même pour entretien de Gens de Guerre ; ce qui renferme la Capitation, le Dixéme, Ustanciles & toutes autres Impositions.

5°. Du Logement de Gens de Guerre.

6°. Du Guet & Gardes des Portes, & de toutes autres Charges

publiques, en quelque lieu qu'ils faſſent leur réſidence dans l'étenduë du Royaume.

L'on peut ajoûter aux raiſons alleguées par les Suiſſes dans ce
Memoire pour ſoûtenir leurs Privileges, les raiſons ſuivantes :

Henry IV. dans ſes Lettres Patentes de 1602. dit poſitivement ;
*Nonobſtant que par les Lettres de Commiſſion qui ſeroient ou pourroient
être par après expédiées & octroyées, pour mettre ſus leſdites Tailles
& Impoſitions, fut mandé, aſſeoir en icelle, toutes manieres de gens,
privilegiez & non privilegiez, affranchis & non affranchis, en quoi
il n'auroit voulu les gens de la condition ſuſdite, (* c'eſt-à-dire, les
Suiſſes, *) être compris en aucune maniere :* avec dérogation aux Ordonnances, ou autres choſes à ce contraires.

Louis XIII. par celles de 1622. ordonne de *faire joüir & uſer
pleinement & paiſiblement leſdits Marchands Suiſſes de leurs Privileges,
ſans permettre qu'ils y ſoient troublez & empêchez en quelque maniere
que ce ſoit, nonobſtant la diſcontinuation de joüiſſance ; que Sa Majeſté
ne veut leur nuire, ni préjudicier : & quelconque pretexte de leurs
baux à fermes (* parlant des Fermiers *) auſquels n'avons ci-devant
entendu, comme encore à preſent n'entendons leſdits Marchands Suiſſes
être compris, & leſquels en tant que beſoin ſeroit, nous avons de la
rigueur d'iceux relevez & diſpenſez & des autres Edits & Ordonnances, Mandemens, Reglemens, Défenſes & Lettres à ce contraires,*
avec dérogation à cet égard.

Louis XIV. par celles du 17. Novembre 1663 déclare que les
Suiſſes *joüiront de toutes les Exemptions, Privileges & Immunitez dont
ils doivent joüir en vertu du Traité de 1516.* Outre la confirmation
generale des mêmes mois & an, une infinité d'Arrêts particuliers
rehdus, pendant & juſqu'à la fin de ſon glorieux regne, maintient les Suiſſes dans la joüiſſance de tous ces Privileges.

Tel eſt celui du 18. Mars 1704. dont on a déja parlé, émané du
propre mouvement de ce Grand Roy, à l'occaſion des Edits de
May 1702. & Janvier 1703. qui ordonnent que tous ceux qui prétendoient joüir de quelques Privileges & Exemptions, comme de
Tailles & autres Impoſitions, de logement de Gens de Guerre, Uſ-
tancile, Collecte, Tutelle, Curatelle & autres Charges publiques,
à cauſe des Offices dont ils étoient pourvus, ou à l'exercice deſquels
ils étoient commis, ſeroient tenus de faire regiſtrer leurs Titres
aux Greffes des Elections & ailleurs, & de payer pour cet effet les
Droits reglez par la Déclaration du 17. Juillet 1703. ſinon & à
faute de ce faire, Sa Majeſté les déclaroit déchus de tous Privileges, & vouloit qu'ils fuſſent impoſez aux Tailles & autres Charges
publiques, ainſi que ſes autres Sujets. En conſéquence de ces Edits,
les Officiers de pluſieurs Elections prétendoient que les Suiſſes qui

étoient domiciliez dans l'étenduë de leur reſſort, étoient obligez de faire enregiſtrer les Titres de leurs Privileges, & vouloient auſſi leur faire payer les Droits reglez par ladite Déclaration pour l'enregiſtrement des Titres des Privilegiez, à faute de quoi ils leur faiſoient entendre qu'ils demeureroient déchus de leurs Privileges.

Mais par cet Arrêt, Sa Majeſté déclare; *Que l'enregiſtrement des Titres des Privilegiez, ordonné par les Edits, ne concernent que ceux qui jouïſſent des Previleges & Exemptions, en conſéquence des Offices dont ils ſont pourvus, ou à l'exercice deſquels ils ſont commis, & que la diſpoſition deſdits Edits & Déclarations ne peut concerner ceux qui jouïſſent des Privileges & Exemptions par des conceſſions particulieres; & d'ailleurs Sa Majeſté voulant que les Suiſſes qui ſont actuellement demeurans dans le Royaume, & ceux qui viendront s'y établir dans la ſuite jouïſſent des Privileges & Exemptions qui leur ſont accordez, ſans pouvoir y être troublez, ni inquiettez ſous quelque pretexte que ce ſoit, &c. Sa Majeſté en ſon Conſeil, a déchargé & décharge les Suiſſes habituez dans le Royaume, & qui viendront s'y habituer dans la ſuite, de faire enregiſtrer aux Greffes des Elections ni ailleurs, les Titres de leurs Privileges & Exemptions. Fait Sa Majeſté défenſes aux Officiers des Elections, de faire pour raiſon de ce aucune pourſuite contre eux; veut Sa Majeſté que leſdits Suiſſes jouïſſent pleinement & paiſiblement des Privileges & Exemptions à eux accordez, & dont ils ont droit de joüir, ſans pouvoir y être troublez ſous quelque prétexte & en quelque maniere que ce ſoit.*

Il réſulte donc de cet Arrêt une preuve convaincante & invincible, que ce Grand Monarque a voulu que tous les Suiſſes en general, habituez dans le Royaume, & qui viendront s'y habituer dans la ſuite, joüiſſent de tous ces Privileges & Exemptions, ce qui eſt entiérement conforme à tous les Traitez, ainſi qu'on l'a remarqué ailleurs.

Louis XV. heureuſement regnant, par ſon Arrêt du 15. Decembre 1722. déclare expreſſément *que les Suiſſes & Genevois ſont exempts de la Capitation;* ce qui eſt une ſuite de l'Exemption generale en faveur des Suiſſes de tous Impôts mis & à mettre.

L'Article XIV. du Reglement fait par le ſieur Prevoſt des Marchands, en exécution de cet Arrêt, porte que; *Les Suiſſes & Genevois, leurs veuves pendant leur viduité & leurs enfans, jouiront de cette Exemption* en juſtifiant de leur qualité par leurs extraits baptiſtaires.

Les principaux motifs qui ont engagé les Rois de France à conceder ces Privileges à la Nation Helvetique, ſont pour la recompenſer des ſervices qu'ils en ont reçû, pour l'engager à continuer ſon zele & ſon affection pour leurs perſonnes ſacrées, leur Couronne rône & leur Royaume, pour donner moyens à ceux qui les serviroient de vivre plus commodément, & pour encourager les autres de venir en plus grand nombre s'habituer en France.

Il ne paroît pas hors de propos d'ajoûter ici quelques réflexions au sujet de ces Privileges pour faire connoître que tous les Suisses en general & en particulier, ont droit d'en jouir, soit qu'ils soient au service du Roy, ou même qu'ils n'y ayent jamais été.

L'on a fait connoître par les Titres rapportez dans ce Memoire que c'est à la Nation Suisse que les Rois ont accordé ces Privileges & Exemptions, en récompense des services qu'elle leur a rendu, & continue de leur rendre, dont elle s'est toujours faite & se fera toujours honneur & gloire.

C'est donc à la Nation en general que ces Privileges & Exemptions appartiennent.

Donc chaque particulier Suisse, habitué dans le Royaume a droit d'en jouir, soit qu'il soit dans le service, ou qu'il n'y ait jamais été.

Cela est formel & constant dans les Traitez de paix & d'alliances, Lettres annexes conclus entre les deux Nations, & dans les Lettres Patentes données en exécution de ces Traitez, ainsi qu'il est prouvé dans ce Memoire.

Ces principes fondamentaux & incontestables détruisent entiérement les idées de l'Auteur du Memoire qui vient d'être réfuté, prétendant mal à propos qu'il n'y a que les Suisses qui sont au service du Roy qui doivent jouir de ces Privileges & Exemptions, sur le fondement du service actuel, encore les restraint-il à un très-petit nombre.

Cependant il pourroit arriver que tels qui auroient servi le Roy pour un tems, & même qui ne l'auroient jamais servi, pourroient avoir mieux merité de jouir de ces Privileges, que tels qui le servent actuellement, quoique les uns & les autres soient en droit d'en jouir : on s'explique.

L'un dira, j'ai servi avec honneur, mais mon inclination ou mon âge ne me le permettent plus ; mes sueurs, mon sang, le dérangement de mes affaires, & même la consommation de mon bien ne meritent-ils donc aucune recompense ?

Et moi, dit un autre, j'ai gardé les Frontieres pour empêcher les Ennemis du Roy d'entrer dans son Royaume du côté de la Suisse, j'ai fait de la dépense, que je n'aurois pas faite chez moi, & l'on a négligé mes affaires, pendant mon absence ; ou pendant que mon frere, mon fils, ou un autre étoient occupez à les garder, je leur ai fourni de l'argent, payé des Ouvriers pour cultiver nos terres, où j'ai supporté tout le poid du travail.

I

L'autre dit, il est vrai je n'ai jamais servi, je n'ai aucun mérite personnel, mon inclination, mon état, mon sexe ou les défectuosirez de mon corps y ont porté ou y portent encore obstacle; mais je crois devoir être participant des merites surabondans de ma Nation à laquelle appartiennent ces Privileges & Exemptions qui ont été le prix & la récompense de ses services & de son sang.

Enfin dit un autre, mon pere, mon grand pere, mon oncle, mon frere, ou &c. ont non seulement sacrifié, ou sacrifient encore leur sang & leur vie au service de la France, dont ils se sont fait ou font honneur; mais encore leurs biens: & par là ils m'ont privé ou me privent de leurs successions & me réduisent à être à charge au public; ainsi je crois avec raison avoir droit de profiter, non seulement des merites generaux & surabondans de ma Nation, mais encore de ceux que mes parens m'ont acquis ou m'acquerent aux dépens de mes propres interêts, aussi bien que de celui de leur sang & de leur vie.

N'est-il donc pas bien juste & raisonnable que pour me dédommager, je jouisse au moins de ces Privileges & Exemptions dans un Royaume toujours très-florissant, au service duquel mes parens ont sacrifié ou sacrifient, avec leur sang & leur vie, des heritages à l'abri desquels je pourrois aujourd'hui vivre en paix dans ma Patrie? Ne vaudroit-il pas mieux & pour eux & pour moi qu'ils fussent restez chez eux à nourrir leurs bestiaux, ou à cultiver leurs champs qu'ils m'auroient conservez? Il y en a plusieurs qui se trouvent aujourd'huy dans le cas; que ne doivent donc pas faire ceux là pour se conserver ces Privileges & Franchises qui sont le seul bien qui leur reste de leurs ancestres?

C'est pourquoi il a paru juste & équitable aux très-augustes, très-puissans & très-genereux Rois de France, d'accorder à la Nation Helvetique en general ces Privileges, Franchises & Exemptions, qu'elle s'est acquise à titre si noble, c'est-à-dire, d'un sang libre & volontaire.

Les Suisses esperent avec une très-respectueuse confiance, que SA MAJESTE' très-heureusement regnante, voudra bien, suivant les traces des Rois ses augustes prédecesseurs, maintenir & conserver pleinement & entiérement dans la possession & jouissance de ces Privileges la Nation Helvetique, si intimement unie & attachée à sa Couronne depuis près de trois siécles. C. P. N.

Me. SEGONZAC DE SERICOURT, Avocat.

De l'Imprimerie de J. F. G. ruë de la Huchette, au Soleil d'Or.